021

VICTOR HUGO

LES
VOIX INTÉRIEURES

Édition

ELZEVIRIENNE

Ornements par E. Froment

PARIS

J. HETZEL ET Cie, ÉDITEURS

18, RUE JACOB, 18

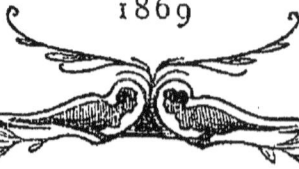

1869

LES

VOIX INTÉRIEURES

JOUAUST
IMPRIMEUR
RUE St
HONORÉ
338

E. Fromont   C.H. May... (?)

GILLOT

VICTOR HUGO

LES VOIX INTÉRIEURES

ÉDITION

ELZEVIRIENNE

Ornements par E. Froment

PARIS

J. HETZEL ET Cie, ÉDITEURS

18, RUE JACOB, 18

1869

A

JOSEPH–LÉOPOLD–
SIGISBERT

COMTE

HUGO
*Lieutenant
général
des armées
du roi*

Né en 1774
Volontaire en 1791
Colonel en 1803
Général de brigade en 1809
Gouverneur de province
en 1810
Lieutenant général en 1825
Mort en 1828

—

NON INSCRIT SUR L'ARC DE L'ÉTOILE

—

*Son Fils
respectueux*

V. H.

PRÉFACE

La Porcia de Shakspeare parle quelque part
de cette *musique que tout homme a en soi.*
« Malheur, dit-elle, à qui ne l'entend pas ! »
Cette musique, la nature aussi l'a en elle. Si
le livre qu'on va lire est quelque chose, il est
l'écho, bien confus et bien affaibli sans doute,
mais fidèle, l'auteur le croit, de ce chant qui
répond en nous au chant que nous entendons
hors de nous.

Au reste, cet écho intime et secret étant, aux
yeux de l'auteur, la poésie même, ce volume,
avec quelques nuances nouvelles peut-être et
les développements que le temps a amenés, ne
fait que continuer ceux qui l'ont précédé. Ce
qu'il contient, les autres le contenaient, à cette
différence près que, dans les *Orientales,* par
exemple, la fleur serait plus épanouie; dans les
Voix intérieures, la goutte de rosée ou de pluie
serait plus cachée. La poésie, en supposant que
ce soit ici le lieu de prononcer un si grand mot,
la poésie est comme Dieu : une et inépuisable.

Si l'homme a sa voix, si la nature a la sienne,
les événements ont aussi la leur. L'auteur a
toujours pensé que la mission du poëte était
de fondre dans un même groupe de chants cette
triple parole qui renferme un triple enseignement, car la première s'adresse plus particuliè-
rement au cœur, la seconde à l'âme, la troi-
sième à l'esprit. *Tres radios.*

Et puis, dans l'époque où nous vivons, tout
l'homme ne se retrouve-t-il pas là? N'est-il pas
entièrement compris sous ce double aspect de

notre vie : le foyer, le champ, la rue? Le foyer,
qui est notre cœur même; le champ, où la nature nous parle; la rue, où tempête, à travers
les coups de fouet des partis, cet embarras de
charrettes qu'on appelle les événements politiques.

Et, disons-le en passant, dans cette mêlée
d'hommes, de doctrines et d'intérêts qui se
ruent si violemment tous les jours sur chacune
des œuvres qu'il est donné à ce siècle de faire,
le poëte a une fonction sérieuse. Sans parler
même ici de son influence civilisatrice, c'est à
lui qu'il appartient d'élever, lorsqu'ils le méri-
tent, les événements politiques à la dignité
d'événements historiques. Il faut, pour cela,
qu'il jette sur ses contemporains ce tranquille
regard que l'histoire jette sur le passé; il faut
que, sans se laisser tromper aux illusions d'op-
tique, aux mirages menteurs, aux voisinages
momentanés, il mette dès à présent tout en
perspective, diminuant ceci, grandissant cela.
Il faut qu'il ne trempe dans aucune voie de
fait. Il faut qu'il sache se maintenir, au-dessus

du tumulte, inébranlable, austère et bienveil-
lant, indulgent quelquefois, chose difficile, impartial toujours, chose plus difficile encore;
qu'il ait dans le cœur cette sympathique intel-
ligence des révolutions qui implique le dédain
de l'émeute, ce grave respect du peuple qui
s'allie au mépris de la foule; que son esprit ne
concède rien aux petites colères ni aux petites
vanités; que son éloge comme son blâme
prenne souvent à rebours, tantôt l'esprit de
cour, tantôt l'esprit de faction. Il faut qu'il
puisse saluer le drapeau tricolore sans insulter
les fleurs de lis; il faut qu'il puisse dans le
même livre, presque à la même page, « flétrir
l'homme qui a vendu une femme » et louer
un noble jeune prince pour une bonne action
bien faite, glorifier la haute idée sculptée sur
l'arc de l'Étoile et consoler la triste pensée en-
fermée dans la tombe de Charles X. Il faut qu'il
soit attentif à tout, sincère en tout, désinté-
ressé sur tout, et que, nous l'avons déjà dit
ailleurs, il ne dépende de rien, pas même de
ses propres ressentiments, pas même de ses

griefs personnels; sachant être, dans l'occa-
sion, tout à la fois irrité comme homme et
calme comme poëte. Il faut enfin que, dans ces
temps livrés à la lutte furieuse des opinions,
au milieu des attractions violentes que sa raison
devra subir sans dévier, il ait sans cesse présent à l'esprit ce but sévère : être de tous les
partis par leur côté généreux, n'être d'aucun
par leur côté mauvais. La puissance du poëte
est faite d'indépendance.

L'auteur, on le voit, ne se dissimule aucune
des conditions rigoureuses de la mission qu'il
s'est imposée, en attendant qu'un meilleur
vienne. Le résultat de l'art ainsi compris, c'est
l'adoucissement des esprits et des mœurs, c'est
la civilisation même. Ce résultat, quoique l'auteur de ce livre soit bien peu de chose pour
une fonction si haute, il continuera d'y tendre
par toutes les voies ouvertes à sa pensée, par
le théâtre comme par le livre, par le roman
comme par le drame, par l'histoire comme par
la poésie. Il tâche, il essaye, il entreprend.
Voilà tout. Bien des sympathies, nobles et in-

telligentes, l'appuient. S'il réussit, c'est à elles
et non à lui que sera dû le succès.

Quant à la dédicace placée en tête de ce volume, l'auteur, surtout après les lignes qui
précèdent, pense n'avoir pas besoin de dire
combien est calme et religieux le sentiment qui
l'a dictée. On le comprendra, en présence de
ces deux monuments : le trophée de l'Étoile, le
tombeau de son père, l'un national, l'autre do-
mestique, tous deux sacrés, il ne pouvait y
avoir place dans son âme que pour une pensée
grave, paisible et sereine. Il signale une omis-
sion, et, en attendant qu'elle soit réparée où
elle doit l'être, il la répare ici autant qu'il est
en lui. Il donne à son père cette pauvre feuille
de papier, tout ce qu'il a, en regrettant de n'a-
voir pas de granit. Il agit comme tout autre
agirait dans la même situation. C'est donc tout
simplement un devoir qu'il accomplit, rien de
plus, rien de moins, et qu'il accomplit comme
s'accomplissent les devoirs, sans bruit, sans
colère, sans étonnement. Personne ne s'éton-
nera non plus de le voir faire ce qu'il fait. Après

tout, la France peut bien, sans trop de souci, laisser tomber une feuille de son épaisse et glorieuse couronne; cette feuille, un fils doit la ramasser. Une nation est grande, une famille est petite; ce qui n'est rien pour l'une est tout pour l'autre. La France a le droit d'oublier, la famille a le droit de se souvenir.

24 juin 1837. Paris.

LES

VOIX INTÉRIEURES

I

Ce siècle est grand et fort; un noble instinct le mène.
Partout on voit marcher l'Idée en mission;
Et le bruit du travail, plein de parole humaine,
Se mêle au bruit divin de la création.

Partout, dans les cités et dans les solitudes,
L'homme est fidèle au lait dont nous le nourrissions;

Et dans l'informe bloc des sombres multitudes
La pensée en rêvant sculpte des nations.

L'échafaud vieilli croule, et la Grève se lave.
L'émeute se rendort. De meilleurs jours sont prêts.
Le peuple a sa colère et le volcan sa lave,
Qui dévaste d'abord et qui féconde après.

Des poëtes puissants, têtes par Dieu touchées,
Nous jettent les rayons de leurs fronts inspirés.
L'art a de frais vallons où les âmes penchées
Boivent la poésie à des ruisseaux sacrés.

Pierre à pierre, en songeant aux vieilles mœurs éteintes,
Sous la société qui chancelle à tous vents,
Le penseur reconstruit ces deux colonnes saintes,
Le respect des vieillards et l'amour des enfants.

Le devoir, fils du droit, sous nos toits domestiques
Habite comme un hôte auguste et sérieux ;
Les mendiants groupés dans l'ombre des portiques
Ont moins de haine au cœur et moins de flamme aux yeux.

L'austère vérité n'a plus de portes closes.
Tout verbe est déchiffré. Notre esprit éperdu,
Chaque jour, en lisant dans le livre des choses,
Découvre à l'univers un sens inattendu.

O poëtes! le fer et la vapeur ardente
Effacent de la terre, à l'heure où vous rêvez,
L'antique pesanteur, à tout objet pendante,
Qui sous les lourds essieux broyait les durs pavés.

L'homme se fait servir par l'aveugle matière.
Il pense, il cherche, il crée! A son souffle vivant
Les germes dispersés dans la nature entière
Tremblent comme frissonne une forêt au vent!

Oui, tout va, tout s'accroît. Les heures fugitives
Laissent toutes leur trace. Un grand siècle a surgi,
Et, contemplant de loin de lumineuses rives,
L'homme voit son destin comme un fleuve élargi.

Mais parmi ces progrès dont notre âge se vante,
Dans tout ce grand éclat d'un siècle éblouissant,
Une chose, ô Jésus, en secret m'épouvante :
C'est l'écho de ta voix qui va s'affaiblissant.

Avril 1837.

II

SUNT LACRIMÆ RERUM

I

Il est mort. Rien de plus. Nul groupe populaire,
Urne d'où se répand l'amour et la colère,
N'a jeté sur son nom pitié, gloire ou respect.
Aucun signe n'a lui. Rien n'a changé l'aspect
De ce siècle orageux, mer de récifs bordée,
Où le fait, ce flot sombre, écume sur l'idée.
Nul temple n'a gémi dans nos villes. Nul glas
N'a passé sur nos fronts criant : « Hélas ! hélas ! »
La presse aux mille voix, cette louve hargneuse,
A peine a retourné sa tête dédaigneuse ;
Nous ne l'avons pas vue, irritée et grondant,
Donner à cette pourpre un dernier coup de dent.

Et chacun vers son but, la marée à la grève,
La foule vers l'argent, le penseur vers son rêve,
Tout a continué de marcher, de courir,
Et rien n'a dit au monde : « Un roi vient de mourir! »

II

Sombres canons rangés devant les Invalides,
Comme des sphinx au pied des grandes pyramides,
Dragons d'airain, hideux, verts, énormes, béants,
Gardiens de ce palais bâti pour des géants,
Qui dresse et fait au loin reluire à la lumière
Un casque monstrueux sur sa tête de pierre!
A ce bruit qui jadis vous eût fait rugir tous :
« Le roi de France est mort! » d'où vient qu'aucun de vous,
Comme un lion captif qui secouerait sa chaîne,
Aucun n'a tressailli sur sa base de chêne,
Et n'a, se réveillant par un subit effort,
Dit à son noir voisin : « Le roi de France est mort! »
D'où vient qu'il s'est fermé sans vos salves funèbres,
Ce cercueil qu'on clouait là-bas dans les ténèbres,
Et que rien n'est sorti de vos mornes affûts,
Pas même, ô canons sourds, ce murmure confus
Qu'au vague battement de ses ailes livides
Le vent des nuits arrache à des armures vides?
C'est que, prostitués dans nos troubles civils,

d 2

Vous êtes comme nous fiers, sonores et vils!
C'est que, rouillés, vieillis, rivés à votre place,
Toujours agenouillés devant tout ce qui passe,
Retirés des combats, et dans ce coin obscur
Par des soldats boiteux gardés sous un vieux mur,
Vains foudres de parade oubliés de l'armée,
Autour de tout vainqueur faisant de la fumée,
Réservés pour la pompe et la solennité,
Vous avez pris racine en cette lâcheté!
Soyez flétris, canons que la guerre repousse,
Dont la voix sans terreur dans les fêtes s'émousse,
Vous qui glorifiez de votre cri profond
Ceux qui viennent, toujours, jamais ceux qui s'en vont!
Vous qui, depuis trente ans, noirs courtisans de bronze,
Avez, comme Henri Quatre adorant Louis Onze,
Toujours tout applaudi, toujours tout salué,
Vous taisant seulement quand le peuple a hué!
Lâches, vous préférez ceux que le sort préfère;
Dans le moule brûlant le fondeur, pour vous faire,
Mit l'étain et le cuivre et l'oubli du vaincu;
Car qui meurt exilé pour vous n'a pas vécu!
Car vos poumons de fer, où gronde une âpre haleine,
Sont muets pour Goritz comme pour Sainte-Hélène!
Soyez flétris!

        Mais non. C'est à nous, insensés,
Que le mépris revient. Vous nous obéissez.

Vous êtes prisonniers, et vous êtes esclaves.
La guerre qui vous fit de ses bouillantes laves
Vous fit pour la bataille, et nous vous avons pris
Pour vous éclabousser des fanges de Paris,
Pour vous sceller au seuil d'un palais centenaire,
Et pour vous mettre au ventre un éclair sans tonnerre !
C'est nous qu'il faut flétrir, nous qui, déshonorés,
Donnons notre âme abjecte à ces bronzes sacrés.
Nous passons dans l'opprobre ; hélas, ils y demeurent !
Mornes captifs, le jour où des rois proscrits meurent,
Vous ne pouvez, jetant votre fumée à flots,
Prolonger sur Paris vos éclatants sanglots,
Et, pareils à des chiens liés à des murailles,
D'un hurlement plaintif suivre leurs funérailles !
Muets, et vos longs cous baissés vers les pavés,
Vous restez là pensifs, et, tristes, vous rêvez
Aux hommes, froids esprits, cœurs bas, âmes douteuses,
Qui font faire à l'airain tant de choses honteuses !

III

Vous vous taisez. — Mais moi, moi dont parfois le chant
Se refuse à l'aurore et jamais au couchant,
Moi que jadis à Reims Charle admit comme un hôte,
Moi qui plaignis ses maux, moi qui blâmai sa faute,
Je ne me tairai pas. Je descendrai, courbé,

Jusqu'au caveau profond où dort ce roi tombé;
Je suspendrai ma lampe à cette voûte noire;
Et sans cesse, à côté de sa triste mémoire,
Mon esprit, dans ces temps d'oubli contagieux,
Fera veiller dans l'ombre un vers religieux!

Et que m'importe à moi qui, déployant mon aile,
Touche parfois d'en bas à la lyre éternelle,
A moi qui n'ai d'amour que pour l'onde et les champs,
Et pour tout ce qui souffre, excepté les méchants;
A moi qui prends souci, quand la nef s'aventure,
De tous les matelots risqués dans la mâture,
Et dont la pitié grave hésite quelquefois
De la sueur du peuple à la sueur des rois;
Que m'importe après tout que depuis six années
Ce roi fût retranché des têtes couronnées,
Froide ruine au bord de nos flots écumants,
Vain fantôme penché sur les événements!
Qu'il ne changeât de rien ni le poids ni le nombre,
Que, rasé dès longtemps, son front plongeât dans l'ombre,
Et que déjà, vieillard sans trône et sans pavois,
Il eût subi l'exil, première mort des rois!
Je le dirai, sans peur que la haine renaisse,
Son avénement pur eut pour sœur ma jeunesse;
Saint-Remy nous reçut sous son mur triomphant
Tous deux le même jour, lui vieux, moi presque enfant;
Et moi je ne veux pas, harpe qu'il a connue,

Qu'on mette mon roi mort dans une bière nue !
Tandis qu'au loin la foule emplit l'air de ses cris,
L'auguste Piété, servante des proscrits,
Qui les ensevelit dans sa plus blanche toile,
N'aura pas, dans la nuit que son regard étoile,
Demandé vainement à ma pensée en deuil
Un lambeau de velours pour couvrir ce cercueil !

IV

Oh ! que Versaille était superbe
Dans ces jours purs de tout affront,
Où les prospérités en gerbe
S'épanouissaient sur son front !
Là, tout faste était sans mesure ;
Là, tout arbre avait sa parure ;
Là, tout homme avait sa dorure ;
Tout du maître suivait la loi.
Comme au même but vont cent routes,
Là les grandeurs abondaient toutes ;
L'Olympe ne pendait aux voûtes
Que pour compléter le grand roi !

Vers le temps où naissaient nos pères,
Versailles rayonnait encor.
Les lions ont de grands repaires ;

Les princes ont des palais d'or.
Chaque fois que, foule asservie,
Le peuple au cœur rongé d'envie
Contemplait du fond de sa vie
Ce fier château si radieux,
Rentrant dans sa nuit plus livide,
Il emportait dans son œil vide
Un éblouissement splendide
De rois, de femmes et de dieux!

Alors riaient dans l'espérance
Trois enfants sous ces nobles toits,
Les deux Louis, aînés de France,
Le beau Charles, comte d'Artois :
Tous trois nés sous les dais de soie,
Frêles enfants, mais pleins de joie
Comme ceux qu'un chaud soleil noie
De rayons purs sous le ciel bleu.
Oh! d'un beau sort quelle semence!
Près d'eux le roi, d'où tout commence,
Au-dessous d'eux le peuple immense,
Au-dessus la bonté de Dieu!

V

Qui leur eût dit alors l'austère destinée ?
Qui leur eût dit qu'un jour cette France, inclinée
    Sous leurs fronts de fleurons chargés,
Ne se souviendrait d'eux ni de leur morne histoire,
Pas plus que l'Océan sans fond et sans mémoire
    Ne se souvient des naufragés !

Que chaînes, lis, dauphins, un jour les Tuileries
Verraient l'illustre amas des vieilles armoiries
    S'écrouler de leur plafond nu,
Et qu'en ces temps lointains que le mystère couvre,
Un Corse, encore à naître, au noir fronton du Louvre
    Sculpterait un aigle inconnu !

Que leur royal Saint-Cloud se meublait pour un autre ;
Et qu'en ces fiers jardins du rigide le Nôtre,
    Amour de leurs yeux éblouis,
Beaux parcs où dans les jeux croissait leur jeune force,
Les chevaux de Crimée un jour mordraient l'écorce
    Des vieux arbres du grand Louis !

V I

Dans ces temps radieux, dans cette aube enchantée,
Dieu! comme avec terreur leur mère épouvantée
Les eût contre son cœur pressés, pâle et sans voix,
Si quelque vision, troublant ces jours de fêtes,
Eût jeté tout à coup sur ces fragiles têtes
Ce cri terrible : « Enfants! vous serez rois tous trois! »

Et la voix prophétique aurait pu dire encore :
« Enfants, que votre aurore est une triste aurore!
Que les sceptres pour vous sont d'odieux présents!
D'où vient donc que le Dieu qui punit Babylone
Vous fait à pareille heure éclore au pied du trône?
Et qu'avez-vous donc fait, ô pauvres innocents!

     « Beaux enfants qu'on berce et qu'on flatte,
     Tout surpris, vous si purs, si doux,
     Que des vieux en robe écarlate
     Viennent vous parler à genoux!
     Quand les sévères Malesherbes
     Ont relevé leurs fronts superbes,
     Vous courez jouer dans les herbes,
     Sans savoir que tout doit finir,
     Et que votre race qui sombre

Porte, à ses deux bouts couverts d'ombre,
Ravaillac dans le passé sombre,
Robespierre dans l'avenir !

« Dans ce Louvre, où de vieux murs gardent
Les portraits des rois hasardeux,
Allez voir comme vous regardent
Charles Premier et Jacques Deux !
Sur vous un nuage s'étale.
Sol étranger, terre natale,
L'émeute, la guerre fatale
Dévoreront vos jours maudits.
De vous trois, enfants, sur qui pèse
L'antique masure française,
Le premier sera Louis Seize,
Le dernier sera Charles Dix !

« Que l'aîné, peu crédule à la vie, à la gloire,
Au peuple ivre d'amour, sache d'une nuit noire
D'avance emplir son cœur de courage pourvu ;
Qu'il rêve un ciel de pluie, un tombereau qui roule,
Et là-bas, tout au fond, au-dessus de la foule,
Quelque étrange échafaud dans la brume entrevu !

« Frères par la naissance et par le malheur frères,
Les deux autres fuiront, battus des vents contraires.
Le règne de Louis, roi de quelques bannis,

Commence dans l'exil, celui de Charle y tombe.
L'un n'aura pas de sacre et l'autre pas de tombe.
A l'un Reims doit manquer, à l'autre Saint-Denis! »

VII

Quel rêve horrible! — C'est l'histoire.
De nos pères couchés dans les tombeaux profonds
　　Ce qu'aucun n'aurait voulu croire,
　　Nous l'avons vu, nous qui vivons!

　　Tous ces maux, et d'autres encore,
Sont tombés sur ces fronts de la main du Seigneur.
　　Maintenant, croyez à l'aurore!
　　Maintenant croyez au bonheur!

　　Croyez au ciel pur et sans rides!
Saluez l'avenir qui vous flatte si bien!
　　L'avenir, fantôme aux mains vides
　　Qui promet tout et qui n'a rien!

　　O rois! ô familles tronquées!
Brusques écroulements des vieilles majestés!
　　O calamités embusquées
　　Au tournant des prospérités!

Tout colosse a des pieds de sable.
Votre abîme est, Seigneur, un abîme infini.
Louis Quinze fut le coupable,
Louis Seize fut le puni!

La peine se trompe et dévie;
Celui qui fit le mal, — c'est la loi du Très-Haut, —
A le trône et la longue vie,
Et l'innocent a l'échafaud!

Les fautes que l'aïeul peut faire
Te poursuivront, ô fils! en vain tu t'en défends.
Quand il a neigé sur le père,
L'avalanche est pour les enfants!

Révolutions, mer profonde!
Que de choses, hélas! pleines d'enseignement,
Dans les ténèbres de votre onde
On voit flotter confusément!

VIII

Charles Dix! — Oh! le Dieu qui retire et qui donne
Forgea pour cette tête une lourde couronne!
L'Empire était penchant et les temps étaient durs.
Une ombre, quand il vint, couvrait encor nos murs.

L'ombre de l'Empereur, figure colossale.
Peuple, armée, et la France, et l'Europe vassale,
Par cette vaste main depuis quinze ans pétris,
Demandaient un grand règne, et pour remplir Paris
Ainsi qu'après César Auguste remplit Rome,
Après Napoléon il fallait plus qu'un homme !

Charles ne fut qu'un homme. A ce faîte il eut peur.
Le gouffre attire. Pris d'un vertige trompeur,
Dans l'abîme, fermant les yeux à la lumière,
Il se précipita la tête la première.
Silence à son tombeau ! car tout vient de finir.
A peine il aura teint d'un vague souvenir
Le peuple à l'eau pareil, qui passe, clair ou sombre,
Près de tout sans en prendre autre chose que l'ombre !

Je n'aurai pas pour lui de reproches amers.
Je ne suis pas l'oiseau qui crie au bord des mers
Et qui, voyant tomber la foudre des nuées,
Jette aux marins perdus ses sinistres huées.
Des passions de tous isolé bien souvent,
Je n'ai jamais cherché les baisers que nous vend
Et l'hymne dont nous berce avec sa voix flatteuse
La popularité, cette grande menteuse.
Aussi n'attendez pas que j'achète aujourd'hui
Des louanges pour moi par des affronts pour lui.
Qu'un autre, aux rois déchus donnant un nom sévère,

Fasse un vil pilori de leur fatal calvaire;
Moi je n'affligerai pas plus, ô Charles Dix,
Ton cercueil maintenant que ton exil jadis!

I X

Repose, fils de France, en ta tombe exilée!
Dormez, sire! — Il convient que cette ombre voilée,
Que ce vieux pasteur mort sans peuple et sans troupeaux,
Roi presque séculaire, ait au moins le repos;
Qu'il ait au moins la paix où la mort nous convie,
Puisqu'il eut le travail d'une si dure vie!
Peuple! soyons cléments! soyons forts! oublions!
Jamais l'odeur des morts n'attire les lions.
La haine d'un grand peuple est une haine grande
Qui veut que le pardon au sépulcre descende,
Et n'a pour ennemis que ceux qui sont debout.
Hélas! quel poids encor pourrions-nous, après tout,
Jeter sur ce vieillard cassé par la misère,
Qui dort sous le fardeau de la terre étrangère?

Roi, puissant, vous l'avez brisé; c'est un grand pas.
Il faut l'épargner mort. Et moi, je ne crois pas
Qu'il soit digne du peuple en qui Dieu se reflète
De joindre au bras qui tue une main qui soufflette.

X

Nous, pasteurs des esprits, qui du bord du chemin
Regardons tous les pas que fait le genre humain,
Poëtes, par nos chants, penseurs, par nos idées,
Hâtons vers la raison les âmes attardées !
Hâtons l'ère où viendront s'unir d'un nœud loyal
Le travail populaire et le labeur royal ;
Où colère et puissance auront fait leur divorce ;
Où tous ceux qui sont forts auront peur de leur force,
Et d'un saint tremblement frémiront à la fois,
Rois, devant leurs devoirs, peuples, devant leurs droits !
Aidons tous ces grands faits que le Seigneur envoie
Pour ouvrir une route ou pour clore une voie,
Les révolutions dont la surface bout,
Les changements soudains qui font vaciller tout,
A dégager du fond des nuages de l'âme,
A poser au-dessus des lois comme une flamme
Ce sentiment profond, en nous tous replié,
Que l'homme appelle doute et la femme pitié !
Expliquons au profit de la sainte clémence
Ces hauts événements où l'État recommence,
Et qui font, quand l'œil va des vaincus aux vainqueurs,
Trembler la certitude humaine au fond des cœurs !
Faisons venir bientôt l'heure où l'on pourra dire
Que sur le froid sépulcre on ne doit rien écrire,

Hors des mots de pardon, d'espérance et de paix;
Et que, l'Empereur mort comme les vieux Capets,
On a tort d'exiler, lorsque rien ne bouillonne,
Eux de leur Saint-Denis et lui de sa Colonne.
A quoi sert, Dieu clément, cette vaine action ?
Et comment se fait-il que la proscription
Ne brise pas ses dents au marbre de la tombe ?
N'est-ce donc pas assez que, cygne, aigle ou colombe,
Dès qu'un vent de malheur lui jette un nid de rois,
Sortant de ce bois noir qu'on appelle les lois,
Cette hyène, acharnée aux grandes races mortes,
Vienne, là, sous nos murs, les ronger à nos portes !
Un jour, — mais nous serons couchés sous le gazon
Quand cette aube de Dieu blanchira l'horizon ! —
Un jour on comprendra, même en changeant de règne,
Qu'aucune loi ne peut, sans que l'équité saigne,
Faire expier à tous ce qu'a commis un seul,
Et faire boire au fils ce qu'a versé l'aïeul.
On fera ce que nul aujourd'hui ne peut faire.
Quand un aiglon royal tombera de sa sphère,
On ne l'abattra pas sur l'aigle foudroyé;
Et, tout en gardant bien le droit, qu'il a payé,
De mettre le pouvoir sur un front comme un signe,
Et de donner le trône et le Louvre au plus digne,
Un grand peuple pourra, sans être épouvanté,
Voir un enfant de plus jouer dans la cité.
Car tous les cœurs diront : « C'est une juste aumône

De laisser la patrie à qui n'a plus de trône! »
Alors, jetant enfin l'ancre dans un port sûr,
Ayant les biens germés sur nos maux, et l'azur
Du ciel nouveau dont Dieu nous donne la tempête,
Proscription, nos fils broieront du pied ta tête!
Démon qui tiens du tigre et qui tiens du serpent,
Dans les prospérités invisible et rampant,
Qui, lâche et patient, épiant en silence
Ce que dans son palais le roi dit, rêve ou pense,
Horrible, en attendant l'heure d'être lâché,
Vis, monstre ténébreux, sous le trône caché!

O poésie! au ciel ton vol se réfugie
Quand les partis hurlants luttent à pleine orgie,
Quand la nécessité sous son code étouffant
Brise le fort, le faible, hélas! l'innocent même,
Et, sourde et sans pitié, promène l'anathème
Du front blanc du vieillard au front pur de l'enfant!

Tu fuis alors à tire-d'aile
Vers le ciel éternel et pur,
Vers la lumière à tous fidèle,
Vers l'innocence, vers l'azur!
Afin que ta pureté fière
N'ait pas la fange et la poussière
Des vils chemins par nous frayés,

Et que, nuages et tempêtes,
Tout ce qui passe sur nos têtes
Ne puisse passer qu'à tes pieds !

Tu sais qu'étoile sans orbite,
L'homme erre au gré de tous les vents ;
Tu sais que l'injustice habite
Dans la demeure des vivants ;
Et que nos cœurs sont des arènes
Où les passions souveraines,
Groupe horrible en vain combattu,
Lionnes, louves affamées,
Tigresses de tachès semées,
Dévorent la chaste vertu !

Tout ce qui souffre est plein de haine ;
Tout ce qui vit traîne un remords ;
Les morts seuls ont rompu leur chaîne ;
Tout est méchant, hormis les morts.
Aussi, voyant partout la vie
Palpiter de rage et d'envie,
Et que parmi nous rien n'est beau,
Si parfois, oiseau solitaire,
Tu redescends sur cette terre,
Tu te poses sur un tombeau !

Novembre 1836.

d   3.

III

Quelle est la fin de tout? la vie, ou bien la tombe?
Est-ce l'onde où l'on flotte? Est-ce l'ombre où l'on tombe?
De tant de pas croisés quel est le but lointain?
Le berceau contient-il l'homme ou bien le destin?
Sommes-nous ici-bas, dans nos maux, dans nos joies,
Des rois prédestinés, ou de fatales proies?

O Seigneur, dites-nous, dites-nous, ô Dieu fort,
Si vous n'avez créé l'homme que pour le sort?
Si déjà le calvaire est caché dans la crèche?
Et si les nids soyeux, dorés par l'aube fraîche,
Où la plume naissante éclôt parmi les fleurs,
Sont faits pour les oiseaux ou pour les oiseleurs?

Mars 1837.

IV

A L'ARC DE TRIOMPHE

I

Toi dont la courbe au loin, par le couchant dorée,
S'emplit d'azur céleste, arche démesurée;
Toi qui lèves si haut ton front large et serein,
Fait pour changer sous lui la campagne en abîme,
Et pour servir de base à quelque aigle sublime
Qui viendra s'y poser et qui sera d'airain!

O vaste entassement ciselé par l'histoire!
Monceau de pierre assis sur un monceau de gloire!
      Édifice inouï!
Toi que l'homme par qui notre siècle commence,
De loin, dans les rayons de l'avenir immense,
      Voyait, tout ébloui!

Non, tu n'es pas fini, quoique tu sois superbe !
Non, puisque aucun passant, dans l'ombre assis sur l'herbe,
Ne fixe un œil rêveur à ton mur triomphant,
Tandis que triviale, errante et vagabonde,
Entre tes quatre pieds toute la ville abonde
Comme une fourmilière aux pieds d'un éléphant !

A ta beauté royale il manque quelque chose.
Les siècles vont venir pour ton apothéose
          Qui te l'apporteront :
Il manque sur ta tête un sombre amas d'années
Qui pendent pêle-mêle et toutes ruinées
          Aux brèches de ton front !

Il te manque la ride et l'antiquité fière,
Le passé, pyramide où tout siècle a sa pierre,
Les chapiteaux brisés, l'herbe sur les vieux fûts ;
Il manque sous ta voûte où notre orgueil s'élance
Ce bruit mystérieux qui se mêle au silence,
Le sourd chuchotement des souvenirs confus !

La vieillesse couronne et la ruine achève.
Il faut à l'édifice un passé dont on rêve,
          Deuil, triomphe ou remords.
Nous voulons, en foulant son enceinte pavée,
Sentir dans la poussière à nos pieds soulevée
          De la cendre des morts !

Il faut que le fronton s'effeuille comme un arbre;
Il faut que le lichen, cette rouille du marbre,
De sa lèpre dorée au loin couvre le mur;
Et que la vétusté, par qui tout art s'efface,
Prenne chaque sculpture et la ronge à la face,
Comme un avide oiseau qui dévore un fruit mûr.

Il faut qu'un vieux dallage ondule sous les portes,
Que le lierre vivant grimpe aux acanthes mortes,
      Que l'eau dorme aux fossés,
Que la cariatide, en sa lente révolte,
Se refuse, enfin lasse, à porter l'archivolte,
      Et dise : « C'est assez! »

Ce n'est pas, ce n'est pas entre des pierres neuves
Que la bise et la pluie pleurent comme des veuves.
Hélas! d'un beau palais le débris est plus beau.
Pour que la lune émousse à travers la nuit sombre
L'ombre par le rayon et le rayon par l'ombre,
Il lui faut la ruine à défaut du tombeau!

Voulez-vous qu'une tour, voulez-vous qu'une église
Soient de ces monuments dont l'âme idéalise
      La forme et la hauteur,
Attendez que de mousse elles soient revêtues,
Et laissez travailler à toutes les statues
      Le temps, ce grand sculpteur!

Il faut que le vieillard, chargé de jours sans nombre,
Menant son jeune fils sous l'arche pleine d'ombre,
Nomme Napoléon comme on nomme Cyrus,
Et dise en la montrant de ses mains décharnées :
« Vois cette porte énorme ! elle a trois mille années ;
C'est par là qu'ont passé des hommes disparus ! »

II

Oh ! Paris est la cité mère !
Paris est le lieu solennel
Où le tourbillon éphémère
Tourne sur un centre éternel !
Paris, feu sombre ou pure étoile,
Morne Isis couverte d'un voile,
Araignée à l'immense toile
Où se prennent les nations !
Fontaine d'urnes obsédée,
Mamelle sans cesse inondée
Où pour se nourrir de l'Idée
Viennent les générations !

Quand Paris se met à l'ouvrage
Dans sa forge aux mille clameurs,
A tout peuple heureux, brave ou sage,
Il prend ses lois, ses dieux, ses mœurs.

Dans sa fournaise, pêle-mêle,
Il fond, transforme et renouvelle
Cette science universelle
Qu'il emprunte à tous les humains;
Puis il rejette aux peuples blêmes
Leurs sceptres et leurs diadèmes,
Leurs préjugés et leurs systèmes,
Tout tordus par ses fortes mains!

Paris, qui garde, sans y croire,
Les faisceaux et les encensoirs,
Tous les matins dresse une gloire,
Éteint un soleil tous les soirs;
Avec l'idée, avec le glaive,
Avec la chose, avec le rêve,
Il refait, recloue et relève
L'échelle de la terre aux cieux;
Frère des Memphis et des Romes,
Il bâtit, au siècle où nous sommes,
Une Babel pour tous les hommes,
Un Panthéon pour tous les dieux!

Ville qu'un orage enveloppe!
C'est elle, hélas! qui, nuit et jour,
Réveille le géant Europe
Avec sa cloche et son tambour!
Sans cesse, qu'il veille ou qu'il dorme,

Il entend la cité difforme
Bourdonner sur sa tête énorme
Comme un essaim dans la forêt.
Toujours Paris s'écrie et gronde.
Nul ne sait, question profonde,
Ce que perdrait le bruit du monde
Le jour où Paris se tairait !

III

Il se taira pourtant ! — après bien des aurores,
Bien des mois, bien des ans, bien des siècles couchés,
Quand cette rive où l'eau se brise aux ponts sonores
Sera rendue aux joncs murmurants et penchés ;

Quand la Seine fuira, de pierres obstruée,
Usant quelque vieux dôme écroulé dans ses eaux,
Attentive au doux vent qui porte à la nuée
Le frisson du feuillage et le chant des oiseaux ;

Lorsqu'elle coulera, la nuit, blanche dans l'ombre,
Heureuse, en endormant son flot longtemps troublé,
De pouvoir écouter enfin ces voix sans nombre
Qui passent vaguement sous le ciel étoilé ;

Quand de cette cité, folle et rude ouvrière,

Qui, hâtant les destins à ses murs réservés,
Sous son propre marteau s'en allant en poussière,
Met son bronze en monnaie et son marbre en pavés;

Quand des toits, des clochers, des ruches tortueuses,
Des porches, des frontons, des dômes pleins d'orgueil
Qui faisaient cette ville, aux voix tumultueuses,
Touffue, inextricable et fourmillante à l'œil,

Il ne restera plus, dans l'immense campagne,
Pour toute pyramide et pour tout panthéon,
Que deux tours de granit faites par Charlemagne,
Et qu'un pilier d'airain fait par Napoléon;

Toi, tu compléteras le triangle sublime!
L'airain sera la gloire et le granit la foi:
Toi, tu seras la porte ouverte sur la cime
Qui dit : « Il faut monter pour venir jusqu'à moi! »

Tu salueras là-bas cette église si vieille,
Cette colonne altière au nom toujours accru,
Debout peut-être encore, ou tombée, et pareille
Au clairon monstrueux d'un Titan disparu.

Et sur ces deux débris que les destins rassemblent,
Pour toi l'aube fera resplendir à la fois
Deux signes triomphants qui de loin se ressemblent :

De près l'un est un glaive, et l'autre est une croix!

Sur vous trois poseront mille ans de notre France.
La colonne est le chant d'un règne à peine ouvert;
C'est toi qui finiras l'hymne qu'elle commence.
Elle dit : « Austerlitz! » tu diras : « Champaubert! »

IV

Arche! alors tu seras éternelle et complète,
Quand tout ce que la Seine en son onde reflète
      Aura fui pour jamais;
Quand de cette cité qui fut égale à Rome
Il ne restera plus qu'un ange, un aigle, un homme,
      Debout sur trois sommets!

C'est alors que le roi, le sage, le poëte,
Tous ceux dont le passé presse l'âme inquiète,
T'admireront vivante auprès de Paris mort;
Et, pour mieux voir ta face où flotte un sombre rêve,
Lèveront à demi ton lierre, ainsi qu'on lève
Un voile sur le front d'une aïeule qui dort!

Sur ton mur, qui pour eux n'aura rien de vulgaire,
Ils chercheront nos mœurs, nos héros, notre guerre,
      Tous pensifs à tes pieds;

Ils croiront voir, le long de ta frise animée,
Revivre le grand peuple avec la grande armée !
    « Oh ! diront-ils, voyez !

« Là, c'est le régiment, ce serpent des batailles,
Traînant sur mille pieds ses luisantes écailles,
Qui tantôt, furieux, se roule au pied des tours,
Tantôt, d'un mouvement formidable et tranquille,
Troue un rempart de pierre et traverse une ville
Avec son front sonore où battent vingt tambours !

« Là-haut, c'est l'empereur avec ses capitaines,
Qui songe s'il ira vers ces terres lointaines
    Où se tourne son char,
Et s'il doit préférer pour vaincre ou se défendre
La courbe d'Annibal ou l'angle d'Alexandre
    Au carré de César.

« Là, c'est l'artillerie aux cent gueules de fonte,
D'où la fumée à flots monte, tombe et remonte,
Qui broie une cité, détruit les garnisons,
Ruine par la brèche incessamment accrue
Tours, dômes, ponts, clochers, et, comme une charrue,
Creuse une horrible rue à travers les maisons ! »

Et tous les souvenirs qu'à ton front taciturne
Chaque siècle en passant versera de son urne

Leur reviendront au cœur.
Ils feront de ton mur jaillir ta vieille histoire,
Et diront, en posant un panache de gloire
          Sur ton cimier vainqueur :

« Oh! que tout était grand dans cette époque antique!
Si les ans n'avaient pas dévasté ce portique,
Nous en retrouverions encor bien des lambeaux!
Mais le temps, grand semeur de la ronce et du lierre,
Touche les monuments d'une main familière,
Et déchire le livre aux endroits les plus beaux! »

V

Non, le temps n'ôte rien aux choses.
Plus d'un portique à tort vanté
Dans ses lentes métamorphoses
Arrive enfin à la beauté.
Sur les monuments qu'on révère
Le temps jette un charme sévère
De leur façade à leur chevet.
Jamais, quoiqu'il brise et qu'il rouille,
La robe dont il les dépouille
Ne vaut celle qu'il leur revêt.

C'est le temps qui creuse une ride

Dans un claveau trop indigent ;
Qui sur l'angle d'un marbre aride
Passe son pouce intelligent ;
C'est lui qui, pour corriger l'œuvre,
Mêle une vivante couleuvre
Aux nœuds d'une hydre de granit.
Je crois voir rire un toit gothique
Quand le temps dans sa frise antique
Ote une pierre et met un nid !

Aussi, quand vous venez, c'est lui qui vous accueille ;
Lui qui verse l'odeur du vague chèvrefeuille
Sur ce pavé souillé peut-être d'ossements ;
Lui qui remplit d'oiseaux les sculptures farouches,
Met la vie en leurs flancs, et de leurs mornes bouches
Fait sortir mille cris charmants !

Si quelque Vénus toute nue
Gémit, pauvre marbre désert,
C'est lui, dans la verte avenue,
Qui la caresse et qui la sert.
A l'abri d'un porche héraldique,
Sous un beau feuillage pudique,
Il la cache jusqu'au nombril ;
Et sous son pied blanc et superbe
Étend les mille fleurs de l'herbe,
Cette mosaïque d'avril !

d

La mémoire des morts demeure
Dans les monuments ruinés.
Là, douce et clémente, à toute heure,
Elle parle aux fronts inclinés.
Elle est là, dans l'âme affaissée
Filtrant de pensée en pensée,
Comme une nymphe au front dormant
Qui, seule sous l'obscure voûte
D'où son eau suinte goutte à goutte,
Penche son vase tristement !

VI

Mais, hélas ! hélas ! dit l'histoire,
Bien souvent le passé couvre plus d'un secret
Dont sur un mur vieilli la tache reparaît !
Toute ancienne muraille est noire.

Souvent, par le désert et par l'ombre absorbé,
L'édifice déchu ressemble au roi tombé :
Plus de gloire où n'est plus la foule.
Rome est humiliée et Venise est en deuil.
La ruine de tout commence par l'orgueil ;
C'est le premier fronton qui croule !

Athène est triste, et cache au front du Parthénon
Les traces de l'Anglais et celles du canon,

Et, pleurant ses tours mutilées,
Rêve à l'artiste grec qui versa de sa main
Quelque chose de beau comme un sourire humain
Sur le profil des Propylées!

Thèbe a des temples morts où rampe en serpentant
La vipère au front plat, au regard éclatant,
Autour de la colonne torse;
Et, seul, quelque grand aigle habite en souverain
Les piliers de Rhamsès, d'où les lames d'airain
S'en vont comme une vieille écorce!

Dans les débris de Gur, pleins du cri des hiboux,
Le tigre en marchant ploie et casse les bambous,
D'où s'envole le vautour chauve,
Et la lionne au pied d'un mur mystérieux
Met le groupe inquiet des lionceaux sans yeux
Qui fouillent sous son ventre fauve.

La morne Palenqué gît dans les marais verts.
A peine entre ses blocs d'herbe haute couverts
Entend-on le lézard qui bouge.
Ses murs sont obstrués d'arbres au fruit vermeil
Où volent, tout moirés par l'ombre et le soleil,
De beaux oiseaux de cuivre rouge!

Muette en sa douleur, Jumièges gravement,

Étouffe un triste écho sous son portail normand,
  Et laisse chanter sur ses tombes
Tous ces nids dans ses tours abrités et couvés,
D'où le souffle du soir fait sur les noirs pavés
  Neiger des plumes de colombes!

Comme une mère sombre, et qui, dans sa fierté,
Cache sous son manteau son enfant souffleté,
  L'Égypte, au bord du Nil assise,
Dans sa robe de sable enfonce enveloppés
Ses colosses camards à la face frappés
  Par le pied brutal de Cambyse.

C'est que toujours les ans contiennent quelque affront.
Toute ruine, hélas! pleure et penche le front!

VII

Mais toi! rien n'atteindra ta majesté pudique,
Porte sainte! jamais ton marbre véridique
  Ne sera profané.
Ton cintre virginal sera pur sous la nue;
Et les peuples à naître accourront tête nue
  Vers ton front couronné!

Toujours le pâtre, au loin accroupi dans les seigles,
Verra sur ton sommet planer un cercle d'aigles,

Les chênes à tes blocs noueront leur large tronc,
La gloire sur ta cime allumera son phare.
Ce n'est qu'en te chantant une haute fanfare
Que sous ton arc altier les siècles passeront !

Jamais rien qui ressemble à quelque ancienne honte
N'osera sur ton mur, où le flot des ans monte,
      Répandre sa noirceur.
Tu pourras, dans ces champs où vous resterez seules,
Contempler fièrement les deux tours tes aïeules,
      La colonne ta sœur !

C'est qu'on n'a pas caché de crimes dans ta base,
Ni dans tes fondements de sang qui s'extravase ;
C'est qu'on ne te fit point d'un ciment hasardeux ;
C'est qu'aucun noir forfait, semé dans ta racine,
Pour jeter quelque jour son ombre à ta ruine,
Ne mêle à tes lauriers son feuillage hideux !

Tandis que ces cités, dans leur cendre enfouies,
Furent pleines jadis d'actions inouïes,
      Ivres de sang versé,
Si bien que le Seigneur a dit à la nature :
« Refais-toi des palais dans cette architecture
      Dont l'homme a mal usé ! »

Aussi tout est fini. Le chacal les visite ;

Les murs vont décroissant sous l'herbe parasite ;
L'étang s'installe et dort sous le dôme brisé ;
Sur les Nérons sculptés marche la bête fauve ;
L'antre se creuse où fut l'incestueuse alcôve ;
Le tigre peut venir où le crime a passé !

VIII

Oh ! dans ces jours lointains où l'on n'ose descendre,
Quand trois mille ans auront passé sur notre cendre
A nous qui maintenant vivons, pensons, allons,
Quand nos fosses auront fait place à des sillons,
Si, vers le soir, un homme assis sur la colline
S'oublie à contempler cette Seine orpheline,
O Dieu ! de quel aspect triste et silencieux
Les lieux où fut Paris étonneront ses yeux !
Si c'est l'heure où déjà les vapeurs sont tombées
Sur le couchant rougi de l'or des scarabées,
Si la touffe de l'arbre est noire sur le ciel,
Dans ce demi-jour pâle où plus rien n'est réel,
Ombre où la fleur s'endort, où s'éveille l'étoile,
De quel œil il verra, comme à travers un voile,
Comme un songe aux contours grandissants et noyés,
La plaine immense et brune apparaître à ses pieds,
S'élargir lentement dans le vague nocturne,
Et comme une eau qui s'enfle et monte aux bords de l'urne,

Absorbant par degrés forêt, coteau, gazon,
Quand la nuit sera noire, emplir tout l'horizon!
Oh! dans cette heure sombre où l'on croit voir les choses
Fuir, sous une autre forme étrangement écloses,
Quelle extase de voir dormir, quand rien ne luit,
Ces champs dont chaque pierre a contenu du bruit!
Comme il tendra l'oreille aux rumeurs indécises!
Comme il ira rêvant des figures assises
Dans le buisson penché, dans l'arbre au bord des eaux,
Dans le vieux pan de mur que lèchent les roseaux!
Qu'il cherchera de vie en ce tombeau suprême!
Et comme il se fera, s'éblouissant lui-même,
A travers la nuit trouble et les rameaux touffus,
Des visions de chars et de passants confus!
Mais non, tout sera mort. — Plus rien dans cette plaine
Qu'un peuple évanoui dont elle est encor pleine;
Que l'œil éteint de l'homme et l'œil vivant de Dieu;
Un arc, une colonne, et là-bas, au milieu
De ce fleuve argenté dont on entend l'écume,
Une église échouée à demi dans la brume!

O spectacle! — ainsi meurt ce que les peuples font!
Qu'un tel passé pour l'âme est un gouffre profond!
Pour ce passant pieux quel poids que notre histoire!
Surtout si tout à coup réveillant sa mémoire,
L'année a, ce soir-là, ramené dans son cours
Une des grandes nuits, veilles de nos grands jours,

Où l'Empereur, rêvant un lendemain de gloire,
Dormait en attendant l'aube d'une victoire!
Lorsque enfin, fatigué de songes, vers minuit,
Las d'écouter au seuil de ce monde détruit,
Après s'être accoudé longtemps, oubliant l'heure,
Au bord de ce néant immense où rien ne pleure,
Il aura lentement regagné son chemin;
Quand dans ce grand désert, pur de tout pas humain,
Rien ne troublera plus cette pudeur que Rome
Ou Paris ruiné doit avoir devant l'homme;
Lorsque la solitude, enfin libre et sans bruit,
Pourra continuer ce qu'elle fait la nuit,
Si quelque être animé veille encor dans la plaine,
Peut-être verra-t-il, comme sous une haleine,
Soudain un pâle éclair de ta tête jaillir,
Et la colonne au loin répondre et tressaillir,
Et ses soldats de cuivre et tes soldats de pierre
Ouvrir subitement leur pesante paupière,
Et tous s'entre-heurter, réveil miraculeux!
Tels que d'anciens guerriers, d'un âge fabuleux,
Qu'un noir magicien, loin des temps où nous sommes,
Jadis aurait faits marbre et qu'il referait hommes!
Alors l'aigle d'airain à ton faîte endormi,
Superbe, et tout à coup se dressant à demi,
Sur ces héros baignés du feu de ses prunelles
Secouera largement ses ailes éternelles!
D'où viendra ce réveil? d'où viendront ces clartés?

Et ce vent qui, soufflant sur ces guerriers sculptés,
Les fera remuer sur ta face hautaine
Comme tremble un feuillage autour du tronc d'un chêne ?
Qu'importe ! Dieu le sait. Le mystère est dans tout.
L'un à l'autre à voix basse ils se diront : « Debout ! »
Ceux de quatre-vingt-seize et de mil huit cent onze,
Ceux que conduit au ciel la spirale de bronze,
Ceux que scelle à la terre un socle de granit,
Tous, poussant au combat le cheval qui hennit,
Le drapeau qui se gonfle et le canon qui roule,
A l'immense mêlée ils se rueront en foule !
Alors on entendra sur ton mur les clairons,
Les bombes, les tambours, le choc des escadrons,
Les cris et le bruit sourd des plaines ébranlées,
Sortir confusément des pierres ciselées,
Et, du pied au sommet du pilier souverain,
Cent batailles rugir avec des voix d'airain !
Tout à coup, écrasant l'ennemi qui s'effare,
La victoire aux cent voix sonnera sa fanfare ;
De la colonne à toi les cris se répondront ;
Et puis tout se taira sur votre double front,
Une rumeur de fête emplira la vallée,
Et Notre-Dame au loin, aux ténèbres mêlée,
Illuminant sa croix ainsi qu'un labarum,
Vous chantera dans l'ombre un vague *Te Deum !*

———

Monument! Voilà donc la rêverie immense
Qu'à ton ombre déjà le poëte commence!
Piédestal qu'eût aimé Bélénus ou Mithra,
Arche aujourd'hui guerrière, un jour religieuse,
Rêve en pierre ébauché, porte prodigieuse
D'un palais de géants qu'on se figurera!

Quand d'un lierre poudreux je couvre tes sculptures,
Lorsque je vois, au fond des époques futures,
La liste des héros sur ton mur constellé
Reluire et rayonner malgré les destinées,
A travers les rameaux des profondes années,
Comme à travers un bois brille un ciel étoilé;

Quand ma pensée ainsi, vieillissant ton attique,
Te fait de l'avenir un passé magnifique,
Alors sous ta grandeur je me courbe effrayé,
J'admire, et, fils pieux, passant que l'art anime,
Je ne regrette rien devant ton mur sublime
Que Phidias absent et mon père oublié!

Février 1837.

V

DIEU EST TOUJOURS LA.

I

Quand l'été vient, le pauvre adore :
L'été, c'est la saison de feu,
C'est l'air tiède et la fraîche aurore;
L'été, c'est le regard de Dieu.

L'été, la nuit bleue et profonde
S'accouple au jour limpide et clair;
Le soir est d'or, la plaine est blonde;
On entend des chansons dans l'air.

L'été, la nature éveillée
Partout se répand en tous sens,

Sur l'arbre en épaisse feuillée,
Sur l'homme en bienfaits caressants.

Tout ombrage alors semble dire :
« Voyageur, viens te reposer ! »
Elle met dans l'aube un sourire,
Elle met dans l'onde un baiser.

Elle cache et recouvre d'ombre,
Loin du monde sourd et moqueur,
Une lyre dans le bois sombre,
Une oreille dans notre cœur !

Elle donne vie et pensée
Aux pauvres de l'hiver sauvés,
Du soleil à pleine croisée,
Et le ciel pur qui dit : « Vivez ! »

Sur les chaumières dédaignées
Par les maîtres et les valets,
Joyeuse, elle jette à poignées
Les fleurs qu'elle vend aux palais.

Son luxe aux pauvres seuils s'étale :
Ni les parfums ni les rayons
N'ont peur, dans leur candeur royale,
De se salir à des haillons.

Sur un toit où l'herbe frissonne
Le jasmin peut bien se poser;
Le lis ne méprise personne,
Lui qui pourrait tout mépriser.

Alors la masure où la mousse
Sur l'humble chaume a débordé
Montre avec une fierté douce
Son vieux mur de roses brodé.

L'aube alors de clartés baignée,
Entrant dans le réduit profond,
Dore la toile d'araignée
Entre les poutres du plafond.

Alors l'âme du pauvre est pleine.
Humble, il bénit ce Dieu lointain
Dont il sent la céleste haleine
Dans tous les souffles du matin!

L'air le réchauffe et le pénètre;
Il fête le printemps vainqueur.
Un oiseau chante à sa fenêtre,
La gaîté chante dans son cœur!

Alors, si l'orphelin s'éveille,
Sans toit, sans mère, et priant Dieu,

Une voix lui dit à l'oreille :
« Eh bien ! viens sous mon dôme bleu !

« Le Louvre est égal aux chaumières
Sous ma coupole de saphirs.
Viens sous mon ciel plein de lumières,
Viens sous mon ciel plein de zéphirs !

« J'ai connu ton père et ta mère
Dans leurs bons et leurs mauvais jours ;
Pour eux la vie était amère,
Mais moi je fus douce toujours.

« C'est moi qui sur leur sépulture
Ai mis l'herbe qui la défend.
Viens, je suis la grande nature ;
Je suis l'aïeule, et toi l'enfant.

« Viens, j'ai des fruits d'or, j'ai des roses,
J'en remplirai tes petits bras ;
Je te dirai de douces choses,
Et peut-être tu souriras !

« Car je voudrais te voir sourire,
Pauvre enfant si triste et si beau !
Et puis tout bas j'irais le dire
A ta mère dans son tombeau ! »

Et l'enfant, à cette voix tendre,
De la vie oubliant le poids,
Rêve et se hâte de descendre
Le long des coteaux dans les bois.

Là, du plaisir tout a la forme;
L'arbre a des fruits, l'herbe a des fleurs;
Il entend dans le chêne énorme
Rire les oiseaux querelleurs.

Dans l'onde il mire son visage;
Tout lui parle; adieu son ennui!
Le buisson l'arrête au passage,
Et le caillou joue avec lui.

Le soir, point d'hôtesse cruelle
Qui l'accueille d'un front hagard.
Il trouve l'étoile si belle
Qu'il s'endort à son doux regard!

— Oh! qu'en dormant rien ne t'oppresse
Dieu sera là pour ton réveil! —
La lune vient qui le caresse
Plus doucement que le soleil.

Car elle a de plus molles trêves
Pour nos travaux et nos douleurs;

Elle fait éclore les rêves,
Lui ne fait naître que les fleurs!

Oh! quand la fauvette dérobe
Son nid sous les rameaux penchants,
Lorsqu'au soleil séchant sa robe,
Mai, tout mouillé, rit dans les champs,

J'ai souvent pensé, dans mes veilles,
Que la nature au front sacré
Dédiait tout bas ses merveilles
A ceux qui l'hiver ont pleuré !

Pour tous et pour le méchant même
Elle est bonne, Dieu le permet,
Dieu le veut, mais surtout elle aime
Le pauvre que Jésus aimait!

Toujours sereine et pacifique,
Elle offre à l'auguste indigent
Des dons de reine magnifique,
Des soins d'esclave intelligent!

A-t-il faim, au fruit de la branche
Elle dit : « Tombe, ô fruit vermeil! »
A-t-il soif : « Que l'onde s'épanche! »
A-t-il froid : « Lève-toi, soleil! »

II

Mais, hélas! juillet fait sa gerbe ;
L'été, lentement effacé,
Tombe feuille à feuille dans l'herbe,
Et jour à jour dans le passé.

Puis octobre perd sa dorure ;
Et les bois dans les lointains bleus
Couvrent de leur rousse fourrure
L'épaule des coteaux frileux.

L'hiver des nuages sans nombre
Sort, et chasse l'été du ciel,
Pareil au temps, ce faucheur sombre
Qui suit le semeur éternel !

Le pauvre alors s'effraye et prie.
L'hiver, hélas! c'est Dieu qui dort ;
C'est la faim livide et maigrie
Qui tremble auprès du foyer mort !

Il croit voir une main de marbre
Qui, mutilant le jour obscur,

Retire tous les fruits de l'arbre
Et tous les rayons de l'azur.

Il pleure, la nature est morte!
O rude hiver! ô dure loi!
Soudain un ange ouvre sa porte
Et dit en souriant : « C'est moi! »

Cet ange qui donne et qui tremble,
C'est l'aumône aux yeux de douceur,
Au front crédule, et qui ressemble
A la foi, dont elle est la sœur!

« Je suis la Charité, l'amie
Qui se réveille avant le jour,
Quand la nature est rendormie,
Et que Dieu m'a dit : « A ton tour! »

« Je viens visiter ta chaumière
Veuve de l'été si charmant!
Je suis fille de la prière,
J'ai des mains qu'on ouvre aisément.

« J'accours, car la saison est dure.
J'accours, car l'indigent a froid!
J'accours, car la tiède verdure
Ne fait plus d'ombre sur le toit!

« Je prie, et jamais je n'ordonne.
Chère à tout homme, quel qu'il soit,
Je laisse la joie à qui donne
Et je l'apporte à qui reçoit. »

O figure auguste et modeste,
Où le Seigneur mêla pour nous
Ce que l'ange a de plus céleste,
Ce que la femme a de plus doux !

Au lit du vieillard solitaire
Elle penche un front gracieux,
Et rien n'est plus beau sur la terre,
Et rien n'est plus grand sous les cieux,

Lorsque, réchauffant leurs poitrines
Entre ses genoux triomphants,
Elle tient dans ses mains divines
Les pieds nus des petits enfants !

Elle va dans chaque masure,
Laissant au pauvre réjoui
Le vin, le pain frais, l'huile pure
Et le courage épanoui !

Et le feu ! le beau feu folâtre,
A la pourpre ardente pareil,

Qui fait qu'amené devant l'âtre,
L'aveugle croit rire au soleil !

Puis elle cherche au coin des bornes,
Transis par la froide vapeur,
Ces enfants qu'on voit nus et mornes
Et se mourant avec stupeur.

Oh ! voilà surtout ceux qu'elle aime !
Faibles fronts dans l'ombre engloutis !
Parés d'un triple diadème,
Innocents, pauvres et petits !

Ils sont meilleurs que nous ne sommes !
Elle leur donne en même temps,
Avec le pain qu'il faut aux hommes,
Le baiser qu'il faut aux enfants !

Tandis que leur faim secourue
Mange ce pain de pleurs noyé,
Elle étend sur eux dans la rue
Son bras des passants coudoyé,

Et si, le front dans la lumière,
Un riche passe en ce moment,
Par le bord de sa robe altière
Elle le tire doucement.

Puis pour eux elle prie encore
La grande foule au cœur étroit,
La foule qui, dès qu'on l'implore,
S'en va comme l'eau qui décroît !

« Oh ! malheureux celui qui chante
Un chant joyeux, peut-être impur,
Pendant que la bise méchante
Mord un pauvre enfant sous son mur !

« Oh ! la chose est triste et fatale,
Lorsque chez le riche hautain
Un grand feu tremble dans la salle,
Reflété par un grand festin,

« De voir, quand l'orgie enrouée
Dans la pourpre s'égaye et rit,
A peine une toile trouée
Sur les membres de Jésus-Christ !

« Oh ! donnez-moi pour que je donne,
J'ai des oiseaux nus dans mon nid.
Donnez, méchants, Dieu vous pardonne ;
Donnez, ô bons ! Dieu vous bénit.

« Heureux ceux que mon zèle enflamme !
Qui donne aux pauvres prête à Dieu.

Le bien qu'on fait parfume l'âme ;
On s'en souvient toujours un peu !

« Le soir, au seuil de sa demeure ;
Heureux celui qui sait encor
Ramasser un enfant qui pleure,
Comme un avare un sequin d'or !

« Le vrai trésor rempli de charmes,
C'est un groupe pour vous priant
D'enfants qu'on a trouvés en larmes
Et qu'on a laissés souriant !

« Les biens que je donne à qui m'aime,
Jamais Dieu ne les retira.
L'or que sur le pauvre je sème
Pour le riche au ciel germera ! »

III

Oh ! que l'été brille ou s'éteigne,
Pauvres, ne désespérez pas.
Le Dieu qui sourit et qui règne
A mis ses pieds où sont vos pas !

Pour vous couvrir, il se dépouille;
Bon même pour l'homme fatal
Qui, comme l'airain dans la rouille,
Va s'endurcissant dans le mal!

Tendre, même en buvant l'absinthe,
Pour l'impie au regard obscur
Qui l'insulte sans plus de crainte
Qu'un passant qui raye un vieux mur!

Ils ont beau traîner sur les claies
Ce Dieu mort dans leur abandon;
Ils ne font couler de ses plaies
Qu'un intarissable pardon.

Il n'est pas l'aigle altier qui vole,
Ni le grand lion ravisseur;
Il compose son auréole
D'une lumineuse douceur!

Quand sur nous une chaîne tombe,
Il la brise anneau par anneau.
Pour l'esprit il se fait colombe,
Pour le cœur il se fait agneau!

Vous pour qui la vie est mauvaise,
Espérez : il veille sur vous!

Il sait bien ce que cela pèse,
Lui qui tomba sur ses genoux!

Il est le Dieu de l'Évangile;
Il tient votre cœur dans sa main,
Et c'est une chose fragile
Qu'il ne veut pas briser enfin!

Lorsqu'il est temps que l'été meure
Sous l'hiver sombre et solennel,
Même à travers le ciel qui pleure
On voit son sourire éternel!

Car sur les familles souffrantes,
L'hiver, l'été, la nuit, le jour,
Avec des urnes différentes
Dieu verse à grands flots son amour!

Et dans ses bontés éternelles
Il penche sur l'humanité
Ces mères aux triples mamelles,
La nature et la charité!

Février 1837.

VI

« Oh! vivons! disent-ils dans leur enivrement.
Voyez la longue table et le festin charmant
      Qui rayonne dans nos demeures!
Nous semons tous nos biens n'importe en quels sillons!
Riches, nous dépensons, nous perdons, nous pillons
      Nos onces d'or; jeunes, nos heures.

« Jette ta vieille Bible, ô jeune homme pieux!
Quitte église et collége, et viens chez nous! — Joyeux,
      Entourés de cent domestiques,
Buvant, chantant, riant, nous n'insultons pas Dieu,
Et nous lui permettons de montrer son ciel bleu
      Par le cintre de nos portiques!

« De quoi te servira ton labeur ennuyeux?
Sais-tu ce que diront les belles aux doux yeux
      Dont le sourire vaut un trône?

d   6.

« O jeune homme inutile ! » Et puis elles riront.
« Oh ! que de peine il prend pour donner à son front
   « La couleur de son livre jaune ! »

« Nous, éblouis de feux, de concerts, de seins nus,
Nous vivons ! — Nous avons des bonheurs inconnus
   A la foule avare et grossière,
Quand dans l'orchestre, où rien ne grandit qu'en tremblant,
La fanfare, tantôt montant, tantôt croulant,
   S'enfle en onde ou vole en poussière !

« L'homme à tout ce qu'il fait dans tous les temps mêla
La musique et les chants. — Amis, c'est pour cela
   Que la Guerre qui nous enivre,
Noble déesse à qui tout enfants nous songions,
Fait chanter en avant des sombres légions
   Les clairons aux bouches de cuivre !

« O rois, pour vous la guerre et pour nous le plaisir !
Vous vivez par l'orgueil et nous par le désir.
   Nous avons tous notre part d'âmes.
Nous avons, les uns craints et les autres aimés,
Vous les empires, nous les boudoirs parfumés,
   Vous les hommes, et nous les femmes.

« Prêtres, mages, docteurs, savants, nous font pitié !
Pauvres songeurs qui vont expliquant à moitié

L'ombre dont l'Éternel se voile,
Tantôt lisant un livre et hués des valets,
Tantôt assis la nuit sur le toit des palais,
    Épelant d'étoile en étoile!

« Fous qui cherchent un centre au globe obscur du ciel!
Nous, rions! — Il n'est rien ici-bas de réel
    Que ce que tient la main de l'homme.
Donnons leur saint bonheur pour les plaisirs maudits,
Pour une Ève au front pur leur vague paradis,
    Et leur sphère pour une pomme!

« Qu'est-ce que la science à côté de l'amour?
L'hiver donne la neige et le soleil le jour.
    Aimons! chantons! trêve aux paroles.
Préférons, puisqu'enfin nos cœurs flambent encor,
Aux discours larmoyants le choc des coupes d'or,
    Aux vieux sages les belles folles!

« Nature, nous buvons aux flots que tu répands!
Toujours nous nous hâtons de jouir aux dépens
    Du penseur prudent qui diffère;
Nous ne songeons, prenant les biens sans les choisir,
Qu'à dissoudre ici-bas toute chose en plaisir.
    Quant à Dieu, nous le laissons faire! »

Le sage cependant, qui songe à leur destin,

Ramasse tristement les miettes du festin,
     Tandis que l'un l'autre ils s'enchantent;
Puis il donne ce pain aux pauvres oubliés,
Aux mendiants rêveurs, en leur disant : « Priez,
     Priez pour ces hommes qui chantent ! »

Mars 1837.

VII

A VIRGILE

O Virgile! ô poëte! ô mon maître divin!
Viens, quittons cette ville au cri sinistre et vain,
Qui, géante, et jamais ne fermant la paupière,
Presse un flot écumant entre ses flancs de pierre,
Lutèce, si petite au temps de tes Césars,
Et qui jette aujourd'hui, cité pleine de chars,
Sous le nom éclatant dont le monde la nomme,
Plus de clarté qu'Athène et plus de bruit que Rome.

Pour toi qui dans les bois fais, comme l'eau des cieux,
Tomber de feuille en feuille un vers mystérieux,
Pour toi dont la pensée emplit ma rêverie,
J'ai trouvé, dans une ombre où rit l'herbe fleurie,
Entre Buc et Meudon, dans un profond oubli,
— Et quand je dis Meudon, suppose Tivoli, —
J'ai trouvé, mon poëte, une chaste vallée

A des coteaux charmants nonchalamment mêlée,
Retraite favorable à des amants cachés,
Faite de flots dormants et de rameaux penchés,
Où midi baigne en vain de ses rayons sans nombre
La grotte et la forêt, frais asile de l'ombre !

Pour toi je l'ai cherchée, un matin, fier, joyeux,
Avec l'amour au cœur et l'aube dans les yeux ;
Pour toi je l'ai cherchée, accompagné de celle
Qui sait tous les secrets que mon âme recèle,
Et qui, seule avec moi sous les bois chevelus,
Serait ma Lycoris si j'étais ton Gallus.

Car elle a dans le cœur cette fleur large et pure,
L'amour mystérieux de l'antique nature !
Elle aime comme nous, maître, ces douces voix,
Ce bruit de nids joyeux qui sort des sombres bois,
Et le soir, tout au fond de la vallée étroite,
Les coteaux renversés dans le lac qui miroite,
Et, quand le couchant morne a perdu sa rougeur,
Les marais irrités des pas du voyageur,
Et l'humble chaume, et l'antre obstrué d'herbe verte,
Et qui semble une bouche avec terreur ouverte,
Les eaux, les prés, les monts, les refuges charmants,
Et les grands horizons pleins de rayonnements !

Maître ! puisque voici la saison des pervenches,

Si tu veux, chaque nuit, en écartant les branches,
Sans éveiller d'échos à nos pas hasardeux,
Nous irons tous les trois, c'est-à-dire tous deux,
Dans ce vallon sauvage, et de la solitude,
Rêveurs, nous surprendrons la secrète attitude.
Dans la brune clairière où l'arbre au tronc noueux
Prend le soir un profil humain et monstrueux,
Nous laisserons fumer, à côté d'un cytise,
Quelque feu qui s'éteint sans pâtre qui l'attise,
Et, l'oreille tendue à leurs vagues chansons,
Dans l'ombre, au clair de lune, à travers les buissons,
Avides, nous pourrons voir à la dérobée
Les satyres dansants qu'imite Alphésibée.

Mars 18...

VIII

Venez que je vous parle, ô jeune enchanteresse !
Dante vous eût faite ange et Virgile déesse.
Vous avez le front haut, le pied vif et charmant,
Une bouche qu'entr'ouvre un bel air d'enjouement,
Et vous pourriez porter, fière entre les plus fières,
La cuirasse d'azur des antiques guerrières.

Tout essaim de beautés, gynécée ou sérail,
Madame, admirerait vos lèvres de corail.
Cellini sourirait à votre grâce pure,
Et, dans un vase grec sculptant votre figure,
Il vous ferait sortir d'un beau calice d'or,
D'un lis qui devient femme en restant lis encor,
Ou d'un de ces lotus qui lui doivent la vie,
Étranges fleurs de l'art que la nature envie !

Venez que je vous parle, ô belle aux yeux divins !

Pour la première fois quand près de vous je vins,
Ce fut un jour doré. Ce souvenir, madame,
A-t-il comme en mon cœur son rayon dans votre âme?
Vous souriez. Mettez votre main dans ma main,
Venez. Le printemps rit, l'ombre est sur le chemin,
L'air est tiède, et là-bas, dans les forêts prochaines,
La mousse épaisse et verte abonde au pied des chênes.

Avril 18...

IX

PENDANT QUE LA FENÊTRE

ÉTAIT OUVERTE

Poëte, ta fenêtre était ouverte au vent,
Quand celle à qui tout bas ton cœur parle souvent
    Sur ton fauteuil posait sa tête :
« Oh! disait-elle, ami, ne vous y fiez pas!
Parce que maintenant, attachée à vos pas,
    'Ma vie à votre ombre s'arrête;

« Parce que mon regard est fixé sur vos yeux;
Parce que je n'ai plus de sourire joyeux
    Que pour votre grave sourire;
Parce que, de l'amour me faisant un linceul,
Je vous offre mon cœur comme un livre où vous seul
    Avez encor le droit d'écrire;

« Il n'est pas dit qu'enfin je n'aurai pas un jour
La curiosité de troubler votre amour
   Et d'alarmer votre œil sévère,
Et l'inquiet caprice et le désir moqueur
De renverser soudain la paix de votre cœur
   Comme un enfant renverse un verre!

« Hommes, vous voulez tous qu'une femme ait longtemps
Des fiertés, des hauteurs; puis vous êtes contents,
   Dans votre orgueil que rien ne brise,
Quand, aux feux de l'amour qui rayonne sur nous,
Pareille à ces fruits verts que le soleil fait doux,
   La hautaine devient soumise!

« Aimez-moi d'être ainsi! Ces hommes, ô mon roi,
Que vous voyez passer si froids autour de moi,
   Empressés près des autres femmes,
Je n'y veux pas songer, car le repos vous plaît;
Mais mon œil endormi ferait, s'il le voulait,
   De tous ces fronts jaillir des flammes! »

Elle parlait, charmante et fière et tendre encor,
Laissant sur le dossier de velours à clous d'or
   Déborder sa manche traînante;
Et toi tu croyais voir à ce beau front si doux
Sourire ton vieux livre ouvert sur tes genoux,
   Ton Iliade rayonnante!

Beau livre que souvent vous lisez tous les deux !
Elle aime comme toi ces combats hasardeux
　　　Où la guerre agite ses ailes.
Femme, elle ne hait pas, en t'y voyant rêver,
Le poëte qui chante Hélène, et fait lever
　　　Les plus vieux devant les plus belles.

Elle vient là, du haut de ses jeunes amours,
Regarder quelquefois dans le flot des vieux jours
　　　Quelle ombre y fait cette chimère ;
Car, ainsi que d'un mont tombent de vives eaux,
Le passé murmurant sort et coule à ruisseaux
　　　De ton flanc, ô géant Homère !

Février 18...

X

A ALBERT DURER

Dans les vieilles forêts où la séve à grands flots
Court du fût noir de l'aune au tronc blanc des bouleaux,
Bien des fois, n'est-ce pas? à travers la clairière,
Pâle, effaré, n'osant regarder en arrière,
Tu t'es hâté, tremblant et d'un pas convulsif,
O mon maître Albert Dure, ô vieux peintre pensif!

On devine, devant tes tableaux qu'on vénère,
Que dans les noirs taillis ton œil visionnaire
Voyait distinctement, par l'ombre recouverts,
Le faune aux doigts palmés, le sylvain aux yeux verts,
Pan, qui revêt de fleurs l'antre où tu te recueilles,
Et l'antique dryade aux mains pleines de feuilles.

Une forêt pour toi c'est un monde hideux.
Le songe et le réel s'y mêlent tous les deux.

Là se penchent rêveurs les vieux pins, les grands ormes
Dont les rameaux tordus font cent coudes difformes,
Et dans ce groupe sombre agité par le vent
Rien n'est tout à fait mort ni tout à fait vivant.
Le cresson boit; l'eau court; les frênes sur les pentes,
Sous la broussaille horrible et les ronces grimpantes,
Contractent lentement leurs pieds noueux et noirs;
Les fleurs au cou de cygne ont les lacs pour miroirs;
Et sur vous qui passez et l'avez réveillée,
Mainte chimère étrange, à la gorge écaillée,
D'un arbre entre ses doigts serrant les larges nœuds,
Du fond d'un antre obscur fixe un œil lumineux.
O végétation! esprit! matière! force!
Couverte de peau rude ou de vivante écorce!

Aux bois, ainsi que toi, je n'ai jamais erré,
Maître, sans qu'en mon cœur l'horreur ait pénétré,
Sans voir tressaillir l'herbe, et, par le vent bercées,
Pendre à tous les rameaux de confuses pensées.
Dieu seul, ce grand témoin des faits mystérieux,
Dieu seul le sait, souvent, en de sauvages lieux,
J'ai senti, moi qu'échauffe une secrète flamme,
Comme moi palpiter et vivre avec une âme,
Et rire, et se parler dans l'ombre à demi-voix,
Les chênes monstrueux qui remplissent les bois.

    Avril 1837.

XI

Puisqu'ici-bas toute âme
  Donne à quelqu'un
Sa musique, sa flamme,
  Ou son parfum;

Puisqu'ici toute chose
  Donne toujours
Son épine ou sa rose
  A ses amours;

Puisqu'avril donne aux chênes
  Un bruit charmant;
Que la nuit donne aux peines
  L'oubli dormant;

Puisque l'air à la branche
  Donne l'oiseau;

Que l'aube à la pervenche
    Donne un peu d'eau ;

Puisque, lorsqu'elle arrive
    S'y reposer,
L'onde amère à la rive
    Donne un baiser ;

Je te donne à cette heure,
    Penché sur toi,
La chose la meilleure
    Que j'aie en moi !

Reçois donc ma pensée,
    Triste d'ailleurs,
Qui, comme une rosée,
    T'arrive en pleurs !

Reçois mes vœux sans nombre,
    O mes amours !
Reçois la flamme ou l'ombre
    De tous mes jours !

Mes transports pleins d'ivresses,
    Purs de soupçons,
Et toutes les caresses
    De mes chansons !

Mon esprit, qui sans voile
  Vogue au hasard,
Et qui n'a pour étoile
  Que ton regard !

Ma muse, que les heures
  Bercent rêvant,
Qui, pleurant quand tu pleures,
  Pleure souvent !

Reçois, mon bien céleste,
  O ma beauté !
Mon cœur, dont rien ne reste,
  L'amour ôté !

Mai 18...

XII

A OL.

O poëte! je vais dans ton âme blessée
Remuer jusqu'au fond ta profonde pensée.

Tu ne l'avais pas vue encor; ce fut un soir,
A l'heure où dans le ciel les astres se font voir,
Qu'elle apparut soudain à tes yeux fraîche et belle,
Dans un lieu radieux qui rayonnait moins qu'elle.
Ses cheveux pétillaient de mille diamants;
Un orchestre tremblait à tous ses mouvements
Tandis qu'elle enivrait la foule haletante,
Blanche avec des yeux noirs, jeune, grande, éclatante.
Tout en elle était feu qui brille, ardeur qui rit.
La parole parfois tombait de son esprit
Comme un épi doré du sac de la glaneuse,

Ou sortait de sa bouche en vapeur lumineuse.
Chacun se récriait, admirant tour à tour
Son front plein de pensée éclose avant l'amour,
Son sourire entr'ouvert comme une vive aurore,
Et son ardente épaule, et, plus ardents encore,
Comme les soupiraux d'un centre étincelant,
Ses yeux, où l'on voyait luire son cœur brûlant.
Elle allait et passait comme un oiseau de flamme,
Mettant sans le savoir le feu dans plus d'une âme,
Et dans les yeux fixés sur tous ses pas charmants
Jetant de toutes parts des éblouissements!

Toi, tu la contemplais, n'osant approcher d'elle,
Car le baril de poudre a peur de l'étincelle.

Mai 1837.

XIII

Jeune homme, ce méchant fait une lâche guerre.
Ton indignation ne l'épouvante guère.
Crois-moi donc, laisse en paix, jeune homme au noble cœur,
Ce Zoïle à l'œil faux, ce malheureux moqueur.
Ton mépris? mais c'est l'air qu'il respire. Ta haine?
La haine est son odeur, sa sueur, son haleine.
Il sait qu'il peut souiller sans peur les noms fameux,
Et que pour qu'on le touche il est trop venimeux.
Il ne craint rien : pareil au champignon difforme
Poussé dans une nuit au pied d'un chêne énorme,
Qui laisse les chevreaux autour de lui paissant
Essayer leur dent folle à l'arbuste innocent;
Sachant qu'il porte en lui des vengeances trop sûres,
Tout gonflé de poison il attend les morsures.

Février 1836.

XIV

AVRIL. — A LOUIS B.

Louis, voici le temps de respirer les roses,
Et d'ouvrir bruyamment les vitres longtemps closes;
    Le temps d'admirer en rêvant
Tout ce que la nature a de beautés divines
Qui flottent sur les monts, les bois et les ravines,
    Avec l'onde, l'ombre et le vent!

Louis, voici le temps de reposer son ame
Dans ce calme sourire empreint de vague flamme
    Qui rayonne au front du ciel pur;
De dilater son cœur ainsi qu'une eau qui fume,
Et d'en faire envoler la nuée et la brume
    A travers le limpide azur!

O Dieu! que les amants sous les vertes feuillées
S'en aillent, par l'hiver pauvres ailes mouillées!

d   8

Qu'ils errent, joyeux et vainqueurs !
Que le rossignol chante, oiseau dont la voix tendre
Contient de l'harmonie assez pour en répandre
      Sur tout l'amour qui sort des cœurs !

Que blé qui monte, enfant qui joue, eau qui murmure,
Fleur rose où le semeur rêve une pêche mûre,
      Que tout semble rire ou prier !
Que le chevreau gourmand, furtif et plein de grâces,
De quelque arbre incliné mordant les feuilles basses,
      Fasse accourir le chevrier !

Qu'on songe aux deuils passés en se disant : « Qu'était-ce ? »
Que rien sous le soleil ne garde de tristesse !
      Qu'un nid chante sur les vieux troncs !
Nous, tandis que de joie au loin tout vibre et tremble,
Allons dans la forêt, et là, marchant ensemble,
      Si vous voulez, nous songerons.

Nous songerons tous deux à cette belle fille
Qui dort là-bas sous l'herbe où le bouton d'or brille,
      Où l'oiseau cherche un grain de mil,
Et qui voulait avoir, et qui, triste chimère !
S'était fait cet hiver promettre par sa mère
      Une robe verte en avril.

    Avril 1837.

XV

LA VACHE

Devant la blanche ferme où parfois vers midi
Un vieillard vient s'asseoir sur le sol attiédi,
Où cent poules gaîment mêlent leurs crêtes rouges,
Où, gardiens du sommeil, les dogues dans leurs bouges
Écoutent les chansons du gardien du réveil,
Du beau coq vernissé qui reluit au soleil,
Une vache était là tout à l'heure arrêtée.
Superbe, énorme, rousse et de blanc tachetée,
Douce comme une biche avec ses jeunes faons,
Elle avait sous le ventre un beau groupe d'enfants,
D'enfants aux dents de marbre, aux cheveux en broussaille,
Frais, et plus charbonnés que de vieilles murailles,
Qui, bruyants, tous ensemble, à grands cris appelant
D'autres qui, tout petits, se hâtaient en tremblant,

Dérobant sans pitié quelque laitière absente,
Sous leur bouche joyeuse et peut-être blessante
Et sous leurs doigts pressant le lait par mille trous,
Tiraient le pis fécond de la mère au poil roux.
Elle, bonne et puissante, et de son trésor pleine,
Sous leurs mains par moments faisant frémir à peine
Son beau flanc plus ombré qu'un flanc de léopard,
Distraite, regardait vaguement quelque part.

Ainsi, Nature, abri de toute créature!
O mère universelle, indulgente Nature!
Ainsi, tous à la fois, mystiques et charnels,
Cherchant l'ombre et le lait sous tes flancs éternels,
Nous sommes là, savants, poëtes, pêle-mêle,
Pendus de toutes parts à ta forte mamelle!
Et tandis qu'affamés, avec des cris vainqueurs,
A tes sources sans fin désaltérant nos cœurs,
Pour en faire plus tard notre sang et notre âme,
Nous aspirons à flots ta lumière et ta flamme,
Les feuillages, les monts, les prés verts, le ciel bleu,
Toi, sans te déranger, tu rêves à ton Dieu!

Mai 1837.

XVI

PASSÉ

C'était un grand château du temps de Louis Treize.
Le couchant rougissait ce palais oublié;
Chaque fenêtre au loin, transformée en fournaise,
Avait perdu sa forme et n'était plus que braise;
Le toit disparaissait dans les rayons noyé.

Sous nos yeux s'étendait, gloire antique abattue,
Un de ces parcs dont l'herbe inonde le chemin,
Où dans un coin, de lierre à demi revêtue,
Sur un piédestal gris, l'Hiver, morne statue,
Se chauffe avec un feu de marbre sous sa main.

O deuil! le grand bassin dormait, lac solitaire;
Un Neptune verdâtre y moisissait dans l'eau;

Les roseaux cachaient l'onde et l'eau rongeait la terre,
Et les arbres mêlaient leur vieux branchage austère,
D'où tombaient autrefois des rimes pour Boileau.

On voyait par moments errer dans la futaie
De beaux cerfs qui semblaient regretter les chasseurs ;
Et, pauvres marbres blancs qu'un vieux tronc d'arbre étaie,
Seules, sous la charmille, hélas ! changée en haie,
Soupirer Gabrielle et Vénus, ces deux sœurs !

Les manteaux relevés par la longue rapière,
Hélas ! ne passaient plus dans ce jardin sans voix ;
Les tritons avaient l'air de fermer la paupière ;
Et dans l'ombre, entr'ouvrant ses mâchoires de pierre,
Un vieux antre ennuyé bâillait au fond du bois.

Et je vous dis alors : « Ce château dans son ombre
A contenu l'amour, frais comme en votre cœur,
Et la gloire, et le rire, et les fêtes sans nombre,
Et toute cette joie aujourd'hui le rend sombre,
Comme un vase noircit rouillé par sa liqueur.

« Dans cet antre, où la mousse a recouvert la dalle,
Venait, les yeux baissés et le sein palpitant,
Ou la belle Caussade ou la jeune Candale,
Qui, d'un royal amant conquête féodale,
En entrant disait Sire, et Louis en sortant.

« Alors comme aujourd'hui, pour Candale ou Caussade,
La nuée au ciel bleu mêlait son blond duvet,
Un doux rayon dorait le toit grave et maussade,
Les vitres flamboyaient sur toute la façade,
Le soleil souriait, la nature rêvait!

« Alors comme aujourd'hui, deux cœurs unis, deux âmes,
Erraient sous ce feuillage où tant d'amour a lui;
Il nommait sa duchesse un ange entre les femmes;
Et l'œil plein de rayons et l'œil rempli de flammes
S'éblouissaient l'un l'autre, alors comme aujourd'hui!

« Au loin dans le bois vague on entendait des rires :
C'étaient d'autres amants, dans leur bonheur plongés.
Par moments un silence arrêtait leurs délires.
Tendre, il lui demandait : « D'où vient que tu soupires?»
Douce, elle répondait : « D'où vient que vous songez?»

« Tous deux, l'ange et le roi, les mains entrelacées,
Ils marchaient, fiers, joyeux, foulant le vert gazon,
Ils mêlaient leurs regards, leur souffle, leurs pensées...»
O temps évanouis! ô splendeurs éclipsées!
O soleils descendus derrière l'horizon!

        Août 18...

XVII

SOIRÉE EN MER

Près du pêcheur qui ruisselle,
Quand tous deux, au jour baissant,
Nous errons dans la nacelle,
Laissant chanter l'homme frêle
Et gémir le flot puissant ;

Sous l'abri que font les voiles
Lorsque nous nous asseyons,
Dans cette ombre où tu te voiles
Quand ton regard aux étoiles
Semble cueillir des rayons ;

Quand tous deux nous croyons lire
Ce que la nature écrit,

Réponds, ô toi que j'admire,
D'où vient que mon cœur soupire ?
D'où vient que ton front sourit ?

Dis, d'où vient qu'à chaque lame,
Comme une coupe de fiel,
La pensée emplit mon âme ?
C'est que moi je vois la rame,
Tandis que tu vois le ciel !

C'est que je vois les flots sombres,
Toi, les astres enchantés !
C'est que, perdu dans leurs nombres,
Hélas ! je compte les ombres
Quand tu comptes les clartés !

Chacun, c'est la loi suprême,
Rame, hélas ! jusqu'à la fin.
Pas d'homme, ô fatal problème !
Qui ne laboure ou ne sème
Sur quelque chose de vain !

L'homme est sur un flot qui gronde.
L'ouragan tord son manteau.
Il rame en la nuit profonde,
Et l'espoir s'en va dans l'onde
Par les fentes du bateau.

Sa voile, que le vent troue,
Se déchire à tout moment;
De sa route l'eau se joue;
Les obstacles sur sa proue
Écument incessamment!

Hélas! hélas! tout travaille
Sous tes yeux, ô Jéhova!
De quelque côté qu'on aille,
Partout un flot qui tressaille,
Partout un homme qui va!

Où vas-tu? — Vers la nuit noire.
Où vas-tu? — Vers le grand jour.
Toi? — Je cherche s'il faut croire.
Et toi? — Je vais à la gloire.
Et toi? — Je vais à l'amour.

Vous allez tous à la tombe!
Vous allez à l'inconnu!
Aigle, vautour, ou colombe,
Vous allez où tout retombe
Et d'où rien n'est revenu!

Vous allez où vont encore
Ceux qui font le plus de bruit;
Où va la fleur qu'avril dore;

Vous allez où va l'aurore,
Vous allez où va la nuit!

A quoi bon toutes ces peines?
Pourquoi tant de soins jaloux?
Buvez l'onde des fontaines,
Secouez le gland des chênes,
Aimez, et rendormez-vous!

Lorsque ainsi que des abeilles
On a travaillé toujours;
Qu'on a rêvé des merveilles;
Lorsqu'on a sur bien des veilles
Amoncelé bien des jours;

Sur votre plus belle rose,
Sur votre lis le plus beau,
Savez-vous ce qui se pose?
C'est l'oubli pour toute chose,
Pour tout homme le tombeau!

Car le Seigneur nous retire
Les fruits à peine cueillis.
Il dit : « Échoue! » au navire.
Il dit à la flamme : « Expire! »
Il dit à la fleur : « Pâlis! »

Il dit au guerrier qui fonde :
« Je garde le dernier mot.
Monte, monte! ô roi du monde!
La chute la plus profonde
Pend au sommet le plus haut. »

Il a dit à la mortelle :
« Vite! éblouis ton amant.
Avant de mourir sois belle;
Sois un instant étincelle,
Puis cendre éternellement! »

Cet ordre auquel tu t'opposes
T'enveloppe et t'engloutit.
Mortel, plains-toi, si tu l'oses,
Au Dieu qui fit ces deux choses :
Le ciel grand, l'homme petit!

Chacun, qu'il doute ou qu'il nie,
Lutte en frayant son chemin;
Et l'éternelle harmonie
Pèse comme une ironie
Sur tout ce tumulte humain!

Tous ces faux biens qu'on envie
Passent comme un soir de mai.
Vers l'ombre, hélas! tout dévie.

Que reste-t-il de la vie,
Excepté d'avoir aimé?

Ainsi je courbe ma tête
Quand tu redresses ton front;
Ainsi, sur l'onde inquiète,
J'écoute, sombre poëte,
Ce que les flots me diront.

Ainsi, pour qu'on me réponde,
J'interroge avec effroi;
Et dans ce gouffre où je sonde
La fange se mêle à l'onde...
Oh! ne fais pas comme moi!

Que sur la vague troublée
J'abaisse un sourcil hagard;
Mais toi, belle âme voilée,
Vers l'espérance étoilée
Lève un tranquille regard!

Tu fais bien. Vois les cieux luire,
Vois les astres s'y mirer,

Un instinct là-haut t'attire.
Tu regardes Dieu sourire ;
Moi, je vois l'homme pleurer !

Septembre 18...

XVIII

Dans Virgile parfois, dieu tout près d'être un ange,
Le vers porte à sa cime une lueur étrange.
C'est que, rêvant déjà ce qu'à présent on sait,
Il chantait presque à l'heure où Jésus vagissait.
C'est qu'à son insu même il est une des âmes
Que l'Orient lointain teignait de vagues flammes.
C'est qu'il est un des cœurs que, déjà, sous les cieux,
Dorait le jour naissant du Christ mystérieux !

Dieu voulait qu'avant tout, rayon du Fils de l'homme,
L'aube de Bethléem blanchît le front de Rome.

Mars 18...

XIX

A UN RICHE

Jeune homme, je te plains; et cependant j'admire
Ton grand parc enchanté qui semble nous sourire,
Qui fait, vu de ton seuil, le tour de l'horizon,
Grave ou joyeux suivant le jour et la saison,
Coupé d'herbe et d'eau vive et remplissant huit lieues
De ses vagues massifs et de ses ombres bleues.
J'admire ton domaine, et pourtant je te plains!
Car dans ces bois touffus de tant de grandeurs pleins,
Où le printemps épanche un faste sans mesure,
Quelle plus misérable et plus pauvre masure
Qu'un homme usé, flétri, mort pour l'illusion,
Riche et sans volupté, jeune et sans passion,
Dont le cœur délabré, dans ses recoins livides,
N'a plus qu'un triste amas d'anciennes coupes vides,
Vases brisés qui n'ont rien gardé que l'ennui,
Et d'où l'amour, la joie et la candeur ont fui!

Oui, tu me fais pitié, toi qui crois faire envie!
Ce splendide séjour sur ton cœur, sur ta vie,
Jette une ombre ironique, et rit en écrasant
Ton front terne et chétif d'un cadre éblouissant.
Dis-moi, crois-tu, vraiment, posséder ce royaume
D'ombre et de fleurs, où l'arbre arrondi comme un dôme,
L'étang, lame d'argent que le couchant fait d'or,
L'allée entrant au bois comme un noir corridor,
Et là, sur la forêt, ce mont qu'une tour garde,
Font un groupe si beau pour l'âme qui regarde?
Lieu sacré pour qui sait dans l'immense univers,
Dans les prés, dans les eaux et dans les vallons verts,
Retrouver les profils de la face éternelle
Dont le visage humain n'est qu'une ombre charnelle!

Que fais-tu donc ici? jamais on ne te voit,
Quand le matin blanchit l'angle ardoisé du toit,
Sortir, songer, cueillir la fleur, coupe irisée
Que la plante à l'oiseau tend pleine de rosée,
Et parfois t'arrêter, laissant pendre à ta main
Un livre interrompu, debout sur le chemin,
Quand le bruit du vent coupe en strophes incertaines
Cette longue chanson qui coule des fontaines.

Jamais tu n'as suivi de sommets en sommets
La ligne des coteaux qui fait rêver; jamais
Tu n'as joui de voir, sur l'eau qui le reflète,

d   9.

Quelque saule noueux tordu comme un athlète;
Jamais, sévère esprit au mystère attaché,
Tu n'as questionné le vieux orme penché
Qui regarde à ses pieds toute la plaine vivre,
Comme un sage qui rêve attentif à son livre.

L'été, lorsque le jour est par midi frappé,
Lorsque la lassitude a tout enveloppé,
A l'heure où l'Andalouse et l'oiseau font la sieste,
Jamais le faon peureux, tapi dans l'antre agreste,
Ne te voit à pas lents, loin de l'homme importun,
Grave, et comme ayant peur de réveiller quelqu'un,
Errer dans les forêts ténébreuses et douces
Où le silence dort sur le velours des mousses.

Que te fait tout cela? les nuages des cieux,
La verdure et l'azur sont l'ennui de tes yeux.
Tu n'es pas de ces fous qui vont, et qui s'en vantent,
Tendant partout l'oreille aux voix qui partout chantent,
Rendant grâce au Seigneur d'avoir fait le printemps;
Qui ramassent un nid, ou contemplent longtemps
Quelque noir champignon, monstre étrange de l'herbe.
Toi, comme un sac d'argent, tu vois passer la gerbe.
Ta futaie, en avril, sous ses bras plus nombreux
A l'air de réclamer bien des pas amoureux,
Bien des cœurs soupirants, bien des têtes pensives;
Toi qui jouis aussi sous ses branches massives,

Tu songes, calculant le taillis qui s'accroît,
Que Paris, ce vieillard qui, l'hiver, a si froid,
Attend, sous ses vieux quais percés de rampes neuves,
Ces longs serpents de bois qui descendent les fleuves!
Ton regard voit, tandis que notre œil flotte au loin,
Les blés d'or en farine et la prairie en foin ;
Pour toi le laboureur est un rustre qu'on paie ;
Pour toi toute fumée ondulant, noire ou gaie,
Sur le clair paysage, est un foyer impur
Où l'on cuit quelque viande à l'angle d'un vieux mur.
Quand le soir tend le ciel de ses moires ardentes,
Au dos d'un fort cheval assis, jambes pendantes,
Quand les bouviers hâlés, de leurs bras vigoureux,
Piquent tes bœufs géants qui par le chemin creux
Se hâtent pêle-mêle et s'en vont à la crèche,
Toi, devant ce tableau, tu rêves à la brèche
Qu'il faudra réparer, en vendant tes silos,
Dans ta rente qui tremble aux pas de don Carlos!

Au crépuscule, après un long jour monotone,
Tu t'enfermes chez toi. Les tièdes nuits d'automne
Versent leur chaste haleine aux coteaux veloutés.
Tu n'en sais rien. D'ailleurs, qu'importe ! A tes côtés,
Belles, leurs bruns cheveux appliqués sur les tempes,
Fronts roses empourprés par le reflet des lampes,
Des femmes aux yeux purs sont assises, formant
Un cercle frais qui brode et cause doucement ;

Toutes, dans leurs discours où rien n'ose apparaître,
Cachant leurs vœux, leur âme, et leur cœur que peut-être
Embaume un vague amour, fleur qu'on ne cueille pas,
Parfum qu'on sentirait en se baissant tout bas.
Tu n'en sais rien. Tu fais, parmi ces élégies,
Tomber ton froid sourire, ou, sous quatre bougies,
D'autres hommes et toi, dans un coin attablés
Autour d'un tapis vert, bruyants, vous querellez
Les caprices du whist, du brelan ou de l'hombre.
La fenêtre est pourtant pleine de lune et d'ombre !

O risible insensé ! vraiment, je te le dis,
Cette terre, ces prés, ces vallons arrondis,
Nids de feuilles et d'herbe où jasent les villages,
Ces blés où les moineaux font leurs joyeux pillages,
Ces champs qui, l'hiver même, ont d'austères appas,
Ne t'appartiennent point : tu ne les comprends pas.

Vois-tu, tous les passants, les enfants, les poëtes,
Sur qui ton bois répand ses ombres inquiètes,
Le pauvre jeune peintre épris de ciel et d'air,
L'amant plein d'un seul nom, le sage au cœur amer,
Qui viennent rafraîchir dans cette solitude,
Hélas ! l'un son amour et l'autre son étude ;
Tous ceux qui, savourant la beauté de ce lieu,
Aiment, en quittant l'homme, à s'approcher de Dieu,
Et qui, laissant ici le bruit vague et morose

Des troubles de leur âme, y prennent quelque chose
De l'immense repos de la création,
Tous ces hommes sans or et sans ambition,
Et dont le pied poudreux ou tout mouillé par l'herbe
Te fait rire, emporté par ton landau superbe,
Sont dans ce parc touffu, que tu crois sous ta loi,
Plus riches, plus chez eux, plus les maîtres que toi,
Quoique de leur forêt que ta main grille et mure
Tu puisses couper l'ombre et vendre le murmure!

Pour eux rien n'est stérile en ces asiles frais.
Pour qui les sait cueillir tout a des dons secrets;
De partout sort un flot de sagesse abondante;
L'esprit qu'a déserté la passion grondante,
Médite à l'arbre mort, aux débris du vieux pont.
Tout objet dont le bois se compose répond
A quelque objet pareil dans la forêt de l'âme.
Un feu de pâtre éteint parle à l'amour en flamme.
Tout donne des conseils au penseur, jeune ou vieux.
On se pique aux chardons ainsi qu'aux envieux;
La feuille invite à croître; et l'onde, en coulant vite,
Avertit qu'on se hâte et que l'heure nous quitte.
Pour eux rien n'est muet, rien n'est froid, rien n'est mort.
Un peu de plume en sang leur éveille un remord;
Les sources sont des pleurs; la fleur qui boit aux fleuves
Leur dit ; « Souvenez-vous, ô pauvres âmes veuves! »

Pour eux l'antre profond cache un songe étoilé;
Et la nuit, sous l'azur d'un beau ciel constellé,
L'arbre sur ses rameaux, comme à travers ses branches,
Leur montre l'astre d'or et les colombes blanches,
Choses douces aux cœurs par le malheur ployés,
Car l'oiseau dit : « Aimez! » et l'étoile : « Croyez! »

Voilà ce que chez toi verse aux âmes souffrantes
La chaste obscurité des branches murmurantes!
Mais toi, qu'en fais-tu ? dis.—Tous les ans, en flots d'or,
Ce murmure, cette ombre, ineffable trésor,
Ces bruits de vent qui joue et d'arbre qui tressaille,
Vont s'enfouir au fond de ton coffre qui bâille;
Et tu changes ces bois où l'amour s'enivra,
Toute cette nature, en loge à l'Opéra!

Encor si la musique arrivait à ton âme!
Mais entre l'art et toi l'or met son mur infâme.
L'esprit qui comprend l'art comprend le reste aussi.
Tu vas donc dormir là, sans te douter qu'ainsi
Que tous ces verts trésors que dévore ta bourse,
Gluck est une forêt, et Mozart une source.

Tu dors; et quand parfois la mode, en souriant,
Te dit : « Admire, riche! » alors, joyeux, criant,
Tu surgis, demandant comment l'auteur se nomme,

Pourvu que toutefois la muse soit un homme!
Car tu te roidiras dans ton étrange orgueil
Si l'on t'apporte, un soir, quelque musique en deuil,
Urne que la pensée a chauffée à sa flamme,
Beau vase où s'est versé tout le cœur d'une femme.

O seigneur malvenu de ce superbe lieu!
Caillou vil incrusté dans ces rubis en feu!
Maître pour qui ces champs sont pleins de sourdes haines!
Gui parasite enflé de la séve des chênes!
Pauvre riche! vis donc, puisque cela pour toi
C'est vivre. Vis sans cœur, sans pensée et sans foi.
Vis pour l'or, chose vile, et l'orgueil, chose vaine.
Végète, toi qui n'as que du sang dans la veine,
Toi qui ne sens pas Dieu frémir dans le roseau,
Regarder dans l'aurore et chanter dans l'oiseau!

Car, — et bien que tu sois celui qui rit aux belles
Et, le soir, se récrie aux romances nouvelles, —
Dans les coteaux penchants où fument les hameaux,
Près des lacs, près des fleurs, sous les larges rameaux,
Dans tes propres jardins, tu vas aussi stupide,
Aussi peu clairvoyant dans ton instinct cupide,
Aussi sourd à la vie, à l'harmonie, aux voix,
Qu'un loup sauvage errant au milieu des grands bois!

Mai 1837.

XX

Regardez : les enfants se sont assis en rond :
Leur mère est à côté, leur mère au jeune front
      Qu'on prend pour une sœur aînée ;
Inquiète, au milieu de leurs jeux ingénus,
De sentir s'agiter leurs chiffres inconnus
      Dans l'urne de la destinée.

Près d'elle naît leur rire et finissent leurs pleurs,
Et son cœur est si pur et si pareil aux leurs,
      Et sa lumière est si choisie,
Qu'en passant à travers les rayons de ses jours,
La vie aux mille soins, laborieux et lourds,
      Se transfigure en poésie !

Toujours elle les suit, veillant et regardant ;
Soit que janvier rassemble au coin de l'âtre ardent
      Leur joie aux plaisirs occupée ;

Soit qu'un doux vent de mai, qui ride le ruisseau,
Remue au-dessus d'eux les feuilles, vert monceau
    D'où tombe une ombre découpée.

Parfois, lorsque, passant près d'eux, un indigent
Contemple avec envie un beau hochet d'argent
    Que sa faim dévorante admire,
La mère est là; pour faire, au nom du Dieu vivant,
Du hochet une aumône, un ange de l'enfant,
    Il ne lui faut qu'un doux sourire!

Et moi qui, mère, enfants, les vois tous sous mes yeux,
Tandis qu'auprès de moi les petits sont joyeux
    Comme des oiseaux sur les grèves,
Mon cœur gronde et bouillonne, et je sens lentement,
Couvercle soulevé par un flot écumant,
    S'entr'ouvrir mon front plein de rêves.

Juin 1834.

XXI

Dans ce jardin antique où les grandes allées
Passent sous les tilleuls si chastes, si voilées,
Que toute fleur qui s'ouvre y semble un encensoir,
Où, marquant tous ses pas de l'aube jusqu'au soir,
L'heure met tour à tour dans les vases de marbre
Les rayons du soleil et les ombres de l'arbre,
Anges, vous le savez, oh ! comme avec amour,
Rêveur, je regardais dans la clarté du jour
Jouer l'oiseau qui vole et la branche qui plie,
Et de quels doux pensers mon âme était remplie,
Tandis que l'humble enfant dont je baise le front,
Avec son pas joyeux pressant mon pas moins prompt,
Marchait en m'entraînant vers la grotte où le lierre
Met une barbe verte au vieux fleuve de pierre.

Février 1837.

XXII

A DES OISEAUX ENVOLÉS

Enfants! oh! revenez! Tout à l'heure, imprudent,
Je vous ai de ma chambre exilés en grondant,
Rauque et tout hérissé de paroles moroses.
Et qu'aviez-vous donc fait, bandits aux lèvres roses?
Quel crime? quel exploit? quel forfait insensé?
Quel vase du Japon en mille éclats brisé?
Quel vieux portail crevé? quel beau missel gothique
Enrichi par vos mains d'un dessin fantastique?
Non, rien de tout cela. Vous aviez seulement,
Ce matin, restés seuls dans ma chambre un moment,
Pris, parmi ces papiers que mon esprit colore,
Quelques vers, groupe informe, embryons près d'éclore,
Puis vous les aviez mis, prompts à vous accorder,
Dans le feu, pour jouer, pour voir, pour regarder

Dans une cendre noire errer des étincelles,
Comme brillent sur l'eau de nocturnes nacelles,
Ou comme, de fenêtre en fenêtre, on peut voir
Des lumières courir dans les maisons le soir.

Voilà tout. Vous jouiez et vous croyiez bien faire.
Belle perte, en effet! beau sujet de colère!
Une strophe, mal née au doux bruit de vos jeux,
Qui remuait les mots d'un vol trop orageux!
Une ode qui chargeait d'une rime gonflée
Sa stance paresseuse en marchant essoufflée!
De lourds alexandrins l'un sur l'autre enjambant
Comme des écoliers qui sortent de leur banc!
Un autre eût dit : « Merci! Vous ôtez une proie
Au feuilleton méchant qui bondissait de joie·
Et d'avance poussait des rires infernaux
Dans l'antre qu'il se creuse au bas des grands journaux.»
Moi, je vous ai grondés. Tort grave et ridicule!
Nains charmants que n'eût pas voulu fâcher Hercule,
Moi, je vous ai fait peur. J'ai, rêveur triste et dur,
Reculé brusquement ma chaise jusqu'au mur.
Et, vous jetant ces noms dont l'envieux vous nomme,
J'ai dit : « Allez-vous-en! laissez-moi seul! » Pauvre homme!
Seul! le beau résultat! le beau triomphe! seul!
Comme on oublie un mort roulé dans son linceul,
Vous m'avez laissé là, l'œil fixé sur ma porte,
Hautain, grave et puni. — Mais vous, que vous importe?

Vous avez retrouvé dehors la liberté,
Le grand air, le beau parc, le gazon souhaité,
L'eau courante où l'on jette une herbe à l'aventure,
Le ciel bleu, le printemps, la sereine nature,
Ce livre des oiseaux et des bohémiens,
Ce poëme de Dieu qui vaut mieux que les miens,
Où l'enfant peut cueillir la fleur, strophe vivante,
Sans qu'une grosse voix tout à coup l'épouvante!
Moi, je suis resté seul, toute joie ayant fui,
Seul avec ce pédant qu'on appelle l'ennui.
Car depuis le matin assis dans l'antichambre,
Ce docteur né dans Londre, un dimanche, en décembre,
Qui ne vous aime pas, ô mes pauvres petits,
Attendait pour entrer que vous fussiez sortis.
Dans l'angle où vous jouiez il est là qui soupire,
Et je le vois bâiller, moi qui vous voyais rire!

Que faire? lire un livre? Oh non! Dicter des vers?
A quoi bon? Émaux bleus ou blancs, céladons verts,
Sphère qui fait tourner tout le ciel sur son axe,
Les beaux insectes peints sur mes tasses de Saxe,
Tout m'ennuie, et je pense à vous. En vérité,
Vous partis, j'ai perdu le soleil, la gaieté,
Le bruit joyeux qui fait qu'on rêve, le délire
De voir le tout petit s'aider du doigt pour lire,
Les fronts pleins de candeur qui disent toujours oui,
L'éclat de rire franc, sincère, épanoui,

d 10.

Qui met subitement des perles sur les lèvres,
Les beaux grands yeux naïfs admirant mon vieux Sèvres,
La curiosité qui cherche à tout savoir,
Et les coudes qu'on pousse en disant : « Viens donc voir ! »

Oh ! certes, les esprits, les sylphes et les fées
Que le vent dans ma chambre apporte par bouffées,
Les gnomes accroupis là-haut, près du plafond,
Dans les angles obscurs que mes vieux livres font,
Les lutins familiers, nains à la longue échine,
Qui parlent dans les coins à mes vases de Chine,
Tout l'invisible essaim de ces démons joyeux,
A dû rire aux éclats, quand là, devant leurs yeux,
Ils vous ont vus saisir dans la boîte aux ébauches
Ces hexamètres nus, boiteux, difformes, gauches,
Les traîner au grand jour, pauvres hiboux fâchés,
Et puis, battant des mains, autour du feu penchés,
De tous ces corps hideux soudain tirant une âme,
Avec ces vers si laids faire une belle flamme !

Espiègles radieux que j'ai fait envoler,
Oh ! revenez ici chanter, danser, parler,
Tantôt, groupe folâtre, ouvrir un gros volume,
Tantôt courir, pousser mon bras qui tient ma plume,
Et faire dans le vers que je viens retoucher
Saillir soudain un angle aigu comme un clocher
Qui perce tout à coup un horizon de plaines.

Mon âme se réchauffe à vos douces haleines;
Revenez près de moi, souriant de plaisir,
Bruire et gazouiller, et sans peur obscurcir
Le vieux livre où je lis de vos ombres penchées,
Folles têtes d'enfants, gaietés effarouchées!

J'en conviens, j'avais tort, et vous aviez raison.
Mais qui n'a quelquefois grondé hors de saison?
Il faut être indulgent, nous avons nos misères.
Les petits pour les grands ont tort d'être sévères.
Enfants! chaque matin, votre âme avec amour
S'ouvre à la joie ainsi que la fenêtre au jour.
Beau miracle, vraiment, que l'enfant, gai sans cesse,
Ayant tout le bonheur, ait toute la sagesse!
Le destin vous caresse en vos commencements;
Vous n'avez qu'à jouer et vous êtes charmants!
Mais nous, nous qui pensons, nous qui vivons, nous sommes
Hargneux, tristes, mauvais, ô mes chers petits hommes!
On a ses jours d'humeur, de déraison, d'ennui.
Il pleuvait ce matin. Il fait froid aujourd'hui.
Un nuage mal fait dans le ciel tout à l'heure
A passé. Que nous veut cette cloche qui pleure?
Puis, on a dans le cœur quelque remords. Voilà
Ce qui nous rend méchants. Vous saurez tout cela,
Quand l'âge à votre tour ternira vos visages,
Quand vous serez plus grands, c'est-à-dire moins sages.
J'ai donc eu tort: c'est dit. Mais c'est assez punir,

Mais il faut pardonner, mais il faut revenir.
Voyons, faisons la paix, je vous prie à mains jointes.
Tenez, crayons, papiers, mon vieux compas sans pointes,
Mes laques et mes grès, qu'une vitre défend,
Tous ces hochets de l'homme enviés par l'enfant,
Mes gros Chinois ventrus faits comme des concombres,
Mon vieux tableau, trouvé sous d'antiques décombres,
Je vous livrerai tout, vous toucherez à tout !
Vous pourrez sur ma table être assis ou debout,
Et chanter, et traîner, sans que je me récrie,
Mon grand fauteuil de chêne et de tapisserie,
Et sur mon banc sculpté jeter tous à la fois
Vos jouets anguleux qui déchirent le bois !
Je vous laisserai même, et gaiement, et sans crainte,
O prodige ! en vos mains tenir ma Bible peinte,
Que vous n'avez touchée encor qu'avec terreur,
Où l'on voit Dieu le père en habit d'empereur !

Et puis, brûlez les vers dont ma table est semée,
Si vous tenez à voir ce qu'ils font de fumée !
Brûlez ou déchirez ! — Je serais moins clément
Si c'était chez Méry, le poëte charmant
Que Marseille la grecque, heureuse et noble ville,
Blonde fille d'Homère, a fait fils de Virgile.
Je vous dirais : « Enfants, ne touchez que des yeux
A ces vers qui demain s'envoleront aux cieux.
Ces papiers, c'est le nid, retraite caressée,

Où du poëte ailé rampe encor la pensée.
Oh! n'en approchez pas! car les vers nouveau-nés,
Au manuscrit natal encore emprisonnés,
Souffrent entre vos mains innocemment cruelles.
Vous leur blessez le pied, vous leur froissez les ailes;
Et, sans vous en douter, vous leur faites ces maux
Que les petits enfants font aux petits oiseaux. »

Mais qu'importe les miens? — Toute ma poésie,
C'est vous, et mon esprit suit votre fantaisie.
Vous êtes les reflets et les rayonnements
Dont j'éclaire mon vers si sombre par moments.
Enfants, vous dont la vie est faite d'espérance,
Enfants, vous dont la joie est faite d'ignorance,
Vous n'avez pas souffert et vous ne savez pas,
Quand la pensée en nous a marché pas à pas,
Sur le poëte morne et fatigué d'écrire,
Quelle douce chaleur répand votre sourire!
Combien il a besoin, quand sa tête se rompt,
De la sérénité qui luit sur votre front;
Et quel enchantement l'enivre et le fascine,
Quand le charmant hasard de quelque cour voisine,
Où vous vous ébattez sous un arbre penchant,
Mêle vos joyeux cris à son douloureux chant!

Revenez donc, hélas! revenez dans mon ombre,
Si vous ne voulez pas que je sois triste et sombre,

Pareil, dans l'abandon où vous m'avez laissé,
Au pêcheur d'Étretat, d'un long hiver lassé,
Qui médite appuyé sur son coude, et s'ennuie
De voir à sa fenêtre un ciel rayé de pluie.

Avril 1837.

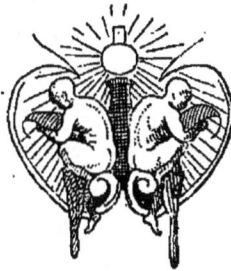

XXIII

A quoi je songe? — Hélas ! loin du toit où vous êtes,
Enfants, je songe à vous ! à vous, mes jeunes têtes,
Espoir de mon été déjà penchant et mûr,
Rameaux dont, tous les ans, l'ombre croît sur mon mur,
Douces âmes à peine au jour épanouies,
Des rayons de votre aube encor tout éblouies !
Je songe aux deux petits qui pleurent en riant,
Et qui font gazouiller sur le seuil verdoyant,
Comme deux jeunes fleurs qui se heurtent entre elles,
Leurs jeux charmants mêlés de charmantes querelles !
Et puis, père inquiet, je rêve aux deux aînés,
Qui s'avancent déjà de plus de flots baignés,
Laissant pencher parfois leur tête encor naïve,
L'un déjà curieux, l'autre déjà pensive !

Seul et triste au milieu des chants des matelots,
Le soir, sous la falaise, à cette heure où les flots,

S'ouvrant et se fermant comme autant de narines,
Mêlent aux vents des cieux mille haleines marines,
Où l'on entend dans l'air d'ineffables échos
Qui viennent de la terre ou qui viennent des eaux,
Ainsi je songe ! — à vous, enfants, maison, famille,
A la table qui rit, au foyer qui pétille,
A tous les soins pieux que répandent sur vous
Votre mère si tendre et votre aïeul si doux ;
Et tandis qu'à mes pieds s'étend, couvert de voiles,
Le limpide Océan, ce miroîr des étoiles,
Tandis que les nochers laissent errer leurs yeux
De l'infini des mers à l'infini des cieux,
Moi, rêvant à vous seuls, je contemple et je sonde
L'amour que j'ai pour vous dans mon âme profonde,
Amour doux et puissant qui toujours m'est resté :
Et cette grande mer est petite à côté.

Juillet 1836. — Saint-Valery-en-Caux.
Écrit au bord de la mer.

XXIV

UNE NUIT QU'ON ENTENDAIT LA MER

SANS LA VOIR

Quels sont ces bruits sourds?
Écoutez vers l'onde
Cette voix profonde
Qui pleure toujours
Et qui toujours gronde,
Quoiqu'un son plus clair
Parfois l'interrompe.... —
Le vent de la mer
Souffle dans sa trompe!

Comme il pleut ce soir!
N'est-ce pas, mon hôte?
Là-bas, à la côte,
Le ciel est bien noir,
La mer est bien haute!

On dirait l'hiver;
Parfois on s'y trompe.... —
Le vent de la mer
Souffle dans sa trompe.

Oh! marins perdus!
Au loin, dans cette ombre,
Sur la nef qui sombre,
Que de bras tendus
Vers la terre sombre!
Pas d'ancre de fer
Que le flot ne rompe.... —
Le vent de la mer
Souffle dans sa trompe.

Nochers imprudents!
Le vent dans la voile
Déchire la toile
Comme avec les dents!
Là-haut pas d'étoile!
L'un lutte avec l'air,
L'autre est à la pompe... —
Le vent de la mer
Souffle dans sa trompe.

C'est toi, c'est ton feu
Que le nocher rêve,

Quand le flot s'élève,
Chandelier que Dieu
Pose sur la grève,
Phare au rouge éclair
Que la brume estompe.... —
Le vent de la mer
Souffle dans sa trompe.

Juillet 1836.

XXV

TENTANDA VIA EST

Ne vous effrayez pas, douce mère inquiète
Dont la bonté partout dans la maison s'émiette,
De le voir si petit, si grave et si pensif.
Comme un pauvre oiseau blanc qui, seul sur un récif,
Voit l'Océan monter vers lui du fond de l'ombre,
Il regarde déjà la vie immense et sombre,
Il rêve de la voir s'avancer pas à pas.
O mère au cœur divin, ne vous effrayez pas,
Vous en qui, — tant votre âme est un charmant mélange !
L'ange voit un enfant et l'enfant voit un ange.

Allons, mère, sans trouble et d'un air triomphant
Baisez-moi le grand front de ce petit enfant.
Ce n'est pas un savant, ce n'est pas un prodige,

C'est un songeur : tant mieux. Soyez fière, vous dis-je !
La méditation du génie est la sœur,
Mère, et l'enfant songeur fait un homme penseur.
Et la pensée est tout, et la pensée ardente
Donne à Milton le ciel, donne l'enfer à Dante !

Un jour il sera grand. L'avenir glorieux
Attend, n'en doutez pas, l'enfant mystérieux
Qui veut savoir comment chaque chose se nomme,
Et questionne tout, un mur autant qu'un homme.
Qui sait si, ramassant à terre sans effort
Le ciseau colossal de Michel-Ange mort,
Il ne doit pas, livrant au granit des batailles,
Faire au marbre étonné de superbes entailles ?
Ou, comme Bonaparte ou bien François Premier,
Prendre, joueur d'échecs, l'Europe pour damier ?
Qui sait s'il n'ira point, voguant à toute voile,
Ajoutant à son œil que l'ombre humaine voile,
L'œil du long télescope au regard effrayant,
Ou l'œil de la pensée, encor plus clairvoyant,
Saisir, dans l'azur vaste ou dans la mer profonde,
Un astre comme Herschell, comme Colomb un monde ?

Qui sait ? Laissez grandir ce petit sérieux.
Il ne voit même pas nos regards curieux.
Peut-être que déjà ce pauvre enfant fragile
Rêve, comme rêvait l'enfant qui fut Virgile,

Au combat qui poursuit le poëte éclatant,
Et qu'il veut, aussi lui, tenter, vaincre, et sortant
Par un chemin nouveau de la sphère où nous sommes,
Voltiger, nom ailé, sur les bouches des hommes.

Juin 1837.

XXVI

Jeune fille, l'amour, c'est d'abord un miroir
Où la femme coquette et belle aime à se voir,
    Et, gaie ou rêveuse, se penche;
Puis, comme la vertu, quand il a votre cœur,
Il en chasse le mal et le vice moqueur,
    Et vous fait l'âme pure et blanche;

Puis on descend un peu, le pied vous glisse... — Alors
C'est un abîme! en vain la main s'attache aux bords,
    On s'en va dans l'eau qui tournoie! —
L'amour est charmant, pur et mortel. N'y crois pas!
Tel l'enfant, par un fleuve attiré pas à pas,
    S'y mire, s'y lave et s'y noie.

Février 1837.

XXVII

APRÈS UNE LECTURE DU DANTE

Quand le poëte peint l'enfer, il peint sa vie :
Sa vie, ombre qui fuit de spectres poursuivie ;
Forêt mystérieuse où ses pas effrayés
S'égarent à tâtons hors des chemins frayés ;
Noir voyage obstrué de rencontres difformes ;
Spirale aux bords douteux, aux profondeurs énormes,
Dont les cercles hideux vont toujours plus avant
Dans une ombre où se meut l'enfer vague et vivant !
Cette rampe se perd dans la brume indécise ;
Au bas de chaque marche une plainte est assise,
Et l'on y voit passer avec un faible bruit
Des grincements de dents blancs dans la sombre nuit.
Là sont les visions, les rêves, les chimères ;
Les yeux que la douleur change en sources amères ;
L'amour, couple enlacé, triste et toujours brûlant,

Qui dans un tourbillon passe une plaie au flanc;
Dans un coin la vengeance et la faim, sœurs impies,
Sur un crâne rongé côte à côte accroupies;
Puis la pâle misère, au sourire appauvri;
L'ambition, l'orgueil, de soi-même nourri,
Et la luxure immonde et l'avarice infâme,
Tous les manteaux de plomb dont peut se charger l'âme!
Plus loin, la lâcheté, la peur, la trahison,
Offrant des clefs à vendre et goûtant du poison;
Et puis, plus bas encore et tout au fond du gouffre,
Le masque grimaçant de la haine qui souffre!

Oui, c'est bien là la vie, ô poëte inspiré!
Et son chemin brumeux d'obstacles encombré.
Mais, pour que rien n'y manque, en cette route étroite,
Vous nous montrez toujours debout à votre droite
Le génie au front calme, aux yeux pleins de rayons,
Le Virgile serein qui dit : « Continuons! »

Août 1836.

XXVIII

A MADEMOISELLE LOUISE B.

PENSAR, DUDAR

Je vous l'ai déjà dit, notre incurable plaie,
Notre nuage noir qu'aucun vent ne balaie,
Notre plus lourd fardeau, notre pire douleur,
Ce qui met sur nos fronts la ride et la pâleur,
Ce qui fait flamboyer l'enfer sur nos murailles,
C'est l'âpre anxiété qui nous tient aux entrailles,
C'est la fatale angoisse et le trouble profond
Qui fait que notre cœur en abîmes se fond,
Quand un matin le sort, qui nous a dans sa serre,
Nous mettant face à face avec notre misère,
Nous jette brusquement, lui notre maître à tous,
Cette question sombre : « Ame, que croyez-vous ? »

C'est l'hésitation redoutable et profonde
Qui prend, devant ce sphinx qu'on appelle le monde,
Notre esprit effrayé plus encor qu'ébloui,
Qui n'ose dire non et ne peut dire oui!

C'est là l'infirmité de toute notre race.
De quoi l'homme est-il sûr? qui demeure? qui passe?
Quel est le chimérique et quel est le réel?
Quand l'explication viendra-t-elle du ciel?
D'où vient qu'en nos sentiers que le sophisme encombre
Nous trébuchons toujours? d'où vient qu'esprits faits d'ombre,
Nous tremblons tous, la nuit, à l'heure où lentement
La brume monte au cœur ainsi qu'au firmament?
Que l'aube même est sombre et cache un grand problème?
Et que plus d'un penseur, ô misère suprême!
Jusque dans les enfants trouvant de noirs écueils,
Doute auprès des berceaux comme auprès des cercueils?

Voyez : cet homme est juste, il est bon; c'est un sage.
Nul fiel intérieur ne verdit son visage;
Si par quelques endroits son cœur est déjà mort,
Parmi tous ses regrets il n'a pas un remord;
Les ennemis qu'il a, s'il faut qu'il s'en souvienne,
Lui viennent de leur haine et non pas de la sienne;
C'est un sage — du temps d'Aurèle ou d'Adrien.
Il est pauvre, et s'y plaît. Il ne tombe plus rien
De sa tête vieillie, aux rumeurs apaisées,

Rien que des cheveux blancs et de douces pensées.
Tous les hommes pour lui d'un seul flanc sont sortis,
Et, frère aux malheureux, il est père aux petits.

Sa vie est simple et fuit la ville qui bourdonne.
Les champs où tout guérit, les champs où tout pardonne,
Les villageois dansant au bruit des tambourins,
Quelque ancien livre grec où revivent, sereins,
Les vieux héros d'Athène et de Lacédémone,
Les enfants rencontrés à qui l'on fait l'aumône,
Le chien à qui l'on parle et dont l'œil vous comprend,
L'étude d'un insecte en des mousses errant,
Le soir, quelque humble vieille au logis ramenée :
Voilà de quels rayons est faite sa journée.
Chaque jour, car pour lui chaque jour passe ainsi,
Quand le soleil descend, il redescend aussi ;
Il regagne, abordé des passants qui l'accueillent,
Son toit sur qui, l'hiver, de grands chênes s'effeuillent.
Si sa table, où jamais rien ne peut abonder,
N'a qu'un maigre repas, il sourit, sans gronder
La servante au front gris, qui sous les ans chancelle,
A qui manque aujourd'hui la force et non le zèle ;
Puis il rentre à sa chambre, où le sommeil l'attend.
Et là, seul, que fait-il, lui, ce juste content,
Lui, ce cœur sans désirs, sans fautes et sans peines ?
Il pense, il rêve, il doute.... — O ténèbres humaines !
Sombre loi ! tout est donc brumeux et vacillant !

Oh! surtout dans ces jours où tout s'en va croulant,
Où le malheur saisit notre âme qui dévie,
Et souffle affreusement sur notre folle vie,
Où le sort envieux nous tient, où l'on n'a plus
Que le caprice obscur du flux et du reflux,
Qu'un livre déchiré, qu'une nuit ténébreuse,
Qu'une pensée en proie au gouffre qui se creuse,
Qu'un cœur désemparé de ses illusions,
Frêle esquif démâté, sur qui les passions,
Matelots furieux qu'en vain l'esprit écoute,
Trépignent, se battant pour le choix de la route;
Quand on ne songe plus, triste et mourant effort,
Qu'à chercher un salut, une boussole, un port,
Une ancre où l'on s'attache, un phare où l'on s'adresse ;
Oh! comme avec terreur, pilotes en détresse,
Nous nous apercevons qu'il nous manque la foi,
La foi, ce pur flambeau qui rassure l'effroi,
Ce mot d'espoir écrit sur la dernière page,
Cette chaloupe où peut se sauver l'équipage!

Comment donc se fait-il, ô pauvres insensés,
Que nous soyons si fiers?—Dites, vous qui pensez,
Vous que le sort expose, âme toujours sereine,
Si modeste à la gloire et si douce à la haine,
Vous dont l'esprit, toujours égal et toujours pur,
Dans la calme raison, cet immuable azur,
Bien haut, bien loin de nous, brille, grave et candide,

d 12

Comme une étoile fixe au fond du ciel splendide,
Soleil que n'atteint pas, tant il est abrité,
Ce roulis de l'abîme et de l'immensité,
Où flottent, dispersés par les vents qui s'épanchent,
Tant d'astres fatigués et de mondes qui penchent !
Hélas ! que vous devez méditer à côté
De l'arrogance unie à notre cécité !
Que vous devez sourire en voyant notre gloire !
Et, comme un feu brillant jette une vapeur noire,
Que notre fol orgueil au néant appuyé
Vous doit jeter dans l'âme une étrange pitié !

Hélas ! ayez pitié, mais une pitié tendre ;
Car nous écoutons tout sans pouvoir rien entendre !

Cette absence de foi, cette incrédulité,
Ignorance ou savoir, sagesse ou vanité,
Est-ce, de quelque nom que notre orgueil la nomme,
Le vice de ce siècle ou le malheur de l'homme ?
Est-ce un mal passager ? est-ce un mal éternel ?
Dieu peut-être a fait l'homme ainsi pour que le ciel,
Plein d'ombres pour nos yeux, soit toujours notre étude ?
Dieu n'a scellé dans l'homme aucune certitude.
Penser, ce n'est pas croire. A peine par moment
Entend-on une voix dire confusément :
« Ne vous y fiez pas, votre œuvre est périssable.
Tout ce que bâtit l'homme est bâti sur le sable ;

Ce qu'il fait tôt ou tard par l'herbe est recouvert ;
Ce qu'il dresse est dressé pour le vent du désert.
Tous ces asiles vains où vous mettez votre âme,
Gloire qui n'est que pourpre, amour qui n'est que flamme,
L'altière ambition aux manteaux étoilés,
Qui livre à tous les vents ses pavillons gonflés,
La richesse toujours assise sur sa gerbe,
La science de loin si haute et si superbe,
Le pouvoir sous le dais, le plaisir sous les fleurs,
Tentes que tout cela ! l'édifice est ailleurs.
Passez outre ! cherchez plus loin les biens sans nombre.
Une tente, ô mortels, ne contient que de l'ombre ! »

On entend cette voix, et l'on rêve longtemps ;
Et l'on croit voir le ciel, moins obscur par instants,
Comme à travers la brume on distingue des rives,
Presque entr'ouvert, s'emplir de vagues perspectives !

Que croire ? Oh ! j'ai souvent, d'un œil peut-être expert,
Fouillé ce noir problème où la sonde se perd !
Ces vastes questions dont l'aspect toujours change,
Comme la mer, tantôt cristal et tantôt fange,
J'en ai tout remué, la surface et le fond !
J'ai plongé dans ce gouffre et l'ai trouvé profond !
Je vous atteste, ô vents du soir et de l'aurore,
Étoiles de la nuit, je vous atteste encore,
Par l'austère pensée à toute heure asservi,

Que de fois j'ai tenté, que de fois j'ai gravi,
Seul, cherchant dans l'espace un point qui me réponde,
Ces hauts lieux d'où l'on voit la figure du monde !
Le glacier sur l'abîme ou le cap sur les mers !
Que de fois j'ai songé sur les sommets déserts,
Tandis que fleuves, champs, forêts, cités, ruines,
Gisaient derrière moi dans les plis des collines,
Que tous les monts fumaient comme des encensoirs,
Et qu'au loin l'Océan, répandant ses flots noirs,
Sculptant des fiers écueils la haute architecture,
Mêlait son bruit sauvage à l'immense nature !

Et je disais aux flots : « Flots qui grondez toujours ! »
Je disais aux donjons, croulant avec leurs tours :
« Tours où vit le passé ! donjons que les années
Mordent incessamment de leurs dents acharnées ! »
Je disais à la nuit : « Nuit pleine de soleils ! »
Je disais aux torrents, aux fleurs, aux fruits vermeils,
A ces formes sans nom que la mort décompose,
Aux monts, aux champs, aux bois : « Savez-vous quelque chose ?

Bien des fois, à cette heure où le soir et le vent
Font que le voyageur s'achemine en rêvant,
Je me suis dit en moi : « Cette grande nature,
Cette création qui sert la créature,
Sait tout ! Tout serait clair pour qui la comprendrait ! »
Comme un muet qui sait le mot d'un grand secret

Et dont la lèvre écume à ce mot qu'il déchire,
Il semble par moments qu'elle voudrait tout dire.
Mais Dieu le lui défend! En vain vous écoutez.
Aucun verbe en ces bruits l'un par l'autre heurtés!
Cette chanson qui sort des campagnes fertiles,
Mêlée à la rumeur qui déborde des villes,
Les tonnerres grondants, les vents plaintifs et sourds,
La vague de la mer, gueule ouverte toujours,
Qui vient, hurle et s'en va, puis sans fin recommence,
Toutes ces voix ne sont qu'un bégaiement immense!

L'homme seul peut parler et l'homme ignore, hélas!
Inexplicable arrêt! quoi qu'il rêve ici-bas,
Tout se voile à ses yeux sous un nuage austère;
Et l'âme du mourant s'en va dans le mystère!

Aussi repousser Rome et rejeter Sion,
Rire, et conclure tout par la négation,
Comme c'est plus aisé, c'est ce que font les hommes.
Le peu que nous croyons tient au peu que nous sommes.

Puisque Dieu l'a voulu, c'est qu'ainsi tout est mieux!
Plus de clarté peut-être aveuglerait nos yeux.
Souvent la branche casse où trop de fruit abonde.
Que deviendrions-nous si, sans mesurer l'onde,
Le Dieu vivant, du haut de son éternité,
Sur l'humaine raison versait la vérité?

d   12.

Le vase est trop petit pour la contenir toute.
Il suffit que chaque âme en recueille une goutte,
Même à l'erreur mêlée ! Hélas ! tout homme en soi
Porte un obscur repli qui refuse la foi.
Dieu ! la mort ! mots sans fond qui cachent un abîme !
L'épouvante saisit le cœur le plus sublime .
Dès qu'il s'est hasardé sur de si grandes eaux.
On ne les franchit pas tout d'un vol. Peu d'oiseaux
Traversent l'Océan sans reposer leur aile.
Il n'est pas de croyant si pur et si fidèle
Qui ne tremble et n'hésite à de certains moments.
Quelle âme est sans faiblesse et sans accablements ?
Enfants, résignons-nous et suivons notre route.
Tout corps traîne son ombre, et tout esprit son doute.

Septembre 1835.

XXIX

A EUGÈNE VICOMTE H.

Puisqu'il plut au Seigneur de te briser, poëte;
Puisqu'il plut au Seigneur de comprimer ta tête
      De son doigt souverain,
D'en faire une urne sainte à contenir l'extase,
D'y mettre le génie, et de sceller ce vase
      Avec un sceau d'airain;

Puisque le Seigneur Dieu t'accorda, noir mystère!
Un puits pour ne point boire, une voix pour te taire,
      Et souffla sur ton front,
Et comme une nacelle errante et d'eau remplie,
Fit rouler ton esprit à travers la folie,
      Cet océan sans fond;

Puisqu'il voulut ta chute, et que la mort glacée,
Seule, te fit revivre en rouvrant ta pensée
        Pour un autre horizon ;
Puisque Dieu, t'enfermant dans la cage charnelle,
Pauvre aigle, te donna l'aile et non la prunelle,
        L'âme et non la raison ;

Tu pars du moins, mon frère, avec ta robe blanche !
Tu retournes à Dieu comme l'eau qui s'épanche
        Par son poids naturel !
Tu retournes à Dieu, tête de candeur pleine,
Comme y va la lumière, et comme y va l'haleine
        Qui des fleurs monte au ciel !

Tu n'as rien dit de mal, tu n'as rien fait d'étrange.
Comme une vierge meurt, comme s'envole un ange,
        Jeune homme, tu t'en vas !
Rien n'a souillé ta main ni ton cœur ; dans ce monde
Où chacun court, se hâte, et forge, et crie, et gronde,
        A peine tu rêvas !

Comme le diamant, quand le feu le vient prendre,
Disparaît tout entier, et sans laisser de cendre,
        Au regard ébloui,
Comme un rayon s'enfuit sans rien jeter de sombre,
Sur la terre après toi tu n'as pas laissé d'ombre,
        Esprit évanoui !

Doux et blond compagnon de toute mon enfance,
Oh! dis-moi maintenant, frère marqué d'avance
    Pour un morne avenir;
Maintenant que la mort a rallumé ta flamme,
Maintenant que la mort a réveillé ton âme,
    Tu dois te souvenir!

Tu dois te souvenir de nos jeunes années!
Quand les flots transparents de nos deux destinées
    Se côtoyaient encor,
Lorsque Napoléon flamboyait comme un phare,
Et qu'enfants nous prêtions l'oreille à sa fanfare
    Comme une meute au cor!

Tu dois te souvenir des vertes Feuillantines,
Et de la grande allée où nos voix enfantines,
    Nos purs gazouillements,
Ont laissé dans les coins des murs, dans les fontaines,
Dans le nid des oiseaux et dans le creux des chênes,
    Tant d'échos si charmants!

O temps! jours radieux! aube trop tôt ravie!
Pourquoi Dieu met-il donc le meilleur de la vie
    Tout au commencement?
Nous naissions! on eût dit que le vieux monastère
Pour nous voir rayonner ouvrait avec mystère
    Son doux regard dormant.

T'en souviens-tu, mon frère? après l'heure d'étude,
Oh! comme nous courions dans cette solitude!
      Sous les arbres blottis,
Nous avions, en chassant quelque insecte qui saute,
L'herbe jusqu'aux genoux, car l'herbe était bien haute,
      Nos genoux bien petits.

Vives têtes d'enfants par la course effarées,
Nous poursuivions dans l'air cent ailes bigarrées;
      Le soir nous étions las;
Nous revenions, jouant avec tout ce qui joue,
Frais, joyeux, et tous deux baisés à pleine joue
      Par notre mère, hélas!

Elle grondait: « Voyez! comme ils sont faits, ces hommes!
Les monstres! ils auront cueilli toutes nos pommes!
      Pourtant nous les aimons.
Madame, les garçons sont le souci des mères,
Car ils ont la fureur de courir dans les pierres
      Comme font les démons! »

Puis un même sommeil, nous berçant comme un hôte,
Tous deux au même lit nous couchait côte à côte;
      Puis un même réveil.
Puis, trempé dans un lait sorti chaud de l'étable,
Le même pain faisait rire à la même table
      Notre appétit vermeil!

Et nous recommencions nos jeux, cueillant par gerbe
Les fleurs, tous les bouquets qui réjouissent l'herbe,
   Le lis à Dieu pareil,
Surtout ces fleurs de flamme et d'or qu'on voit, si belles,
Luire à terre en avril comme des étincelles
   Qui tombent du soleil !

On nous voyait tous deux, gaîté de la famille,
Le front épanoui, courir sous la charmille.
   L'œil de joie enflammé....
Hélas ! hélas ! quel deuil pour ma tête orpheline !
Tu vas donc désormais dormir sur la colline,
   Mon pauvre bien-aimé !

Tu vas dormir là–haut sur la colline verte,
Qui, livrée à l'hiver, à tous les vents ouverte,
   A le ciel pour plafond ;
Tu vas dormir, poussière, au fond d'un lit d'argile ;
Et moi je resterai parmi ceux de la ville
   Qui parlent et qui vont !

Et moi je vais rester, souffrir, agir et vivre ;
Voir mon nom se grossir dans les bouches de cuivre
   De la célébrité ;
Et cacher, comme à Sparte, en riant quand on entre,
Le renard envieux qui me ronge le ventre,
   Sous ma robe abrité !

Je vais reprendre, hélas! mon œuvre commencée,
Rendre ma barque frêle à l'onde courroucée,
   Lutter contre le sort;
Enviant souvent ceux qui dorment sans murmure,
Comme un doux nid couvé pour la saison future,
   Sous l'aile de la mort!

J'ai d'austères plaisirs. Comme un prêtre à l'église,
Je rêve à l'art qui charme, à l'art qui civilise,
   Qui change l'homme un peu,
Et qui, comme un semeur qui jette au loin sa graine,
En semant la nature à travers l'âme humaine,
   Y fera germer Dieu!

Quand le peuple au théâtre écoute ma pensée,
J'y cours, et là, courbé vers la foule pressée,
   L'étudiant de près,
Sur mon drame touffu dont le branchage plie,
J'entends tomber ses pleurs comme la large pluie
   Aux feuilles des forêts!

Mais quel labeur aussi! que de flots! quelle écume!
Surtout lorsque l'Envie, au cœur plein d'amertume,
   Au regard vide et mort,
Fait, pour les vils besoins de ses luttes vulgaires,
D'une bouche d'ami qui souriait naguères
   Une bouche qui mord!

Quelle vie! et quel siècle alentour! Vertu, gloire,
Pouvoir, génie et foi, tout ce qu'il faudrait croire,
    Tout ce que nous valons,
Le peu qui nous restait de nos splendeurs décrues,
Est traîné sur la claie et suivi dans les rues
    Par le rire en haillons!

Combien de calomnie et combien de bassesse!
Combien de pamphlets vils qui flagellent sans cesse
    Quiconque vient du ciel,
Et qui font, la blessant de leur lance payée,
Boire à la Vérité, pâle et crucifiée,
    Leur éponge de fiel!

Combien d'acharnements sur toutes les victimes!
Que de rhéteurs, penchés sur le bord des abîmes,
    Riant, ô cruauté!
De voir l'affreux poison qui de leurs doigs découle,
Goutte à goutte, ou par flots, quand leurs mains sur la foule
    Tordent l'impiété!

L'homme, vers le plaisir se ruant par cent voies,
Ne songe qu'à bien vivre et qu'à chercher des proies;
    L'argent est adoré;
Hélas! nos passions ont des serres infâmes,
Où pend, triste lambeau, tout ce qu'avaient nos âmes
    De chaste et de sacré!

d   13

A quoi bon cependant, à quoi bon tant de haine,
Et faire tant de mal, et prendre tant de peine,
    Puisque la mort viendra?
Pour aller avec tous où tous doivent descendre?
Et pour n'être après tout qu'une ombre, un peu de cendre
    Sur qui l'herbe croîtra?

A quoi bon s'épuiser en voluptés diverses?
A quoi bon se bâtir des fortunes perverses
    Avec les maux d'autrui?
Tout s'écroule; et, fruit vert qui pend à la ramée,
Demain ne mûrit pas pour la bouche affamée
    Qui dévore aujourd'hui!

Ce que nous croyons être avec ce que nous sommes,
Beauté, richesse, honneurs, ce que rêvent les hommes
    Hélas! et ce qu'ils font,
Pêle-mêle, à travers les chants ou les huées,
Comme c'est emporté par rapides nuées
    Dans un oubli profond!

Et puis quelle éternelle et lugubre fatigue
De voir le peuple enflé monter jusqu'à sa digue,
    Dans ses terribles jeux!
Sombre océan d'esprit dont l'eau n'est pas sondée,
Et qui vient faire autour de toute grande idée
    Un murmure orageux!

Quel choc d'ambitions luttant le long des routes,
Toutes contre chacune et chacune avec toutes !
     Quel tumulte ennemi !
Comme on raille d'en bas tout astre qui décline!
Oh ! ne regrette rien sur la haute colline
     Où tu t'es endormi!

Là, tu reposes, toi! Là, meurt toute voix fausse.
Chaque jour, du Levant au Couchant, sur ta fosse
     Promenant son flambeau,
L'impartial soleil, pareil à l'espérance,
Dore des deux côtés, sans choix ni préférence,
     La croix de ton tombeau !

Là, tu n'entends plus rien que l'herbe et la broussaille,
Le pas du fossoyeur dont la terre tressaille,
     La chute du fruit mûr,
Et, par moments, le chant dispersé dans l'espace
Du bouvier qui descend dans la plaine et qui passe
     Derrière le vieux mur !

Mars 1837.

XXX

A OLYMPIO

Un jour, l'ami qui reste à ton cœur qu'on déchire
Contemplait tes malheurs,
Et tandis qu'il parlait, ton sublime sourire
Se mêlait à ses pleurs :

I

« Te voilà donc, ô toi dont la foule rampante
Admirait la vertu,
Déraciné, flétri, tombé sur une pente
Comme un cèdre abattu !

« Te voilà sous les pieds des envieux sans nombre
Et des passants rieurs,
Toi dont le front superbe accoutumait à l'ombr
Les fronts inférieurs !

« Ta feuille est dans la poudre, et ta racine austère
     Est découverte aux yeux.
Hélas! tu n'as plus rien d'abrité dans la terre,
     Ni d'éclos dans les cieux!

« Jeune homme, on vénérait jadis ton œil sévère,
     Ton front calme et tonnant ;
Ton nom était de ceux qu'on craint et qu'òn révère,
     Hélas! et maintenant

« Les méchants, accourus pour déchirer ta vie,
     L'ont prise entre leurs dents,
Et les hommes alors se sont avec envie
     Penchés pour voir dedans!

« Avec des cris de joie ils ont compté tes plaies
     Et compté tes douleurs,
Comme sur une pierre on compte des monnaies
     Dans l'antre des voleurs.

« Ta chaste renommée, aux exemples utiles,
     N'a plus rien qui reluit,
Sillonnée en tous sens par les hideux reptiles
     Qui viennent dans la nuit.

« Éclairée à la flamme, à toute heure visible,
     De ton nom rayonnant,

d   13.

Au bord du grand chemin, ta vie est une cible
        Offerte à tout venant,

« Où cent flèches, toujours sifflant dans la nuit noire,
        S'enfoncent tour à tour,
Chacun cherchant ton cœur, l'un visant à ta gloire,
        Et l'autre à ton amour!

« Ta réputation, dont souvent nous nous sommes
        Écriés en rêvant,
Se disperse et s'en va dans les discours des hommes,
        Comme un feuillage au vent!

« Ton âme, qu'autrefois on prenait pour arbitre
        Du droit et du devoir,
Est comme une taverne où chacun à la vitre
        Vient regarder le soir,

« Afin d'y voir à table une orgie aux chants grêles,
        Au propos triste et vain,
Qui renverse à grand bruit les cœurs pleins de querelles
        Et les brocs pleins de vin !

« Tes ennemis ont pris ta belle destinée
        Et l'ont brisée en fleur.
Ils ont fait de ta gloire aux carrefours traînée
        Ta plus grande douleur!

« Leurs mains ont retourné ta robe, dont le lustre
  Irritait leur fureur ;
Avec la même pourpre ils t'ont fait vil d'illustre,
  Et forçat d'empereur !

« Nul ne te défend plu. On se fait une fête
  De tes maux aggravés.
On ne parle de toi qu'en secouant la tête,
  Et l'on dit : « Vous savez ! »

« Hélas ! pour te haïr tous les cœurs se rencontrent ;
  Tous t'ont abandonné ;
Et tes amis pensifs sont comme ceux qui montrent
  Un palais ruiné.

II

« Mais va, pour qui comprend ton âme haute et grave,
  Tu n'en es que plus grand.
Ta vie a, maintenant que l'obstacle l'entrave,
  La rumeur du torrent.

« Tous ceux qui de tes jours orageux et sublimes
  S'approchent sans effroi,
Reviennent en disant qu'ils ont vu des abîmes
  En se penchant sur toi !

« Mais peut–être, à travers l'eau de ce gouffre immense
    Et de ce cœur profond,
On verrait cette perle appelée innocence,
    En regardant au fond !

« On s'arrête aux brouillards dont ton âme est voilée ;
    Mais moi, juge et témoin,
Je sais qu'on trouverait une voûte étoilée
    Si l'on allait plus loin !

« Et qu'importe, après tout, que le monde t'assiége
    De ses discours mouvants,
Et que ton nom se mêle à ces flocons de neige
    Poussés à tous les vents !

« D'ailleurs, que savent-ils ? Nous devrions nous taire.
    De quel droit jugeons-nous,
Nous qui ne voyons rien au ciel ou sur la terre
    Sans nous mettre à genoux ?

« La certitude, — hélas ! insensés que nous sommes
    De croire à l'œil humain ! —
Ne séjourne pas plus dans la raison des hommes
    Que l'onde dans leur main.

« Elle mouille un moment, puis s'écoule infidèle,
    Sans que l'homme, ô douleur !

Puisse désaltérer à ce qui reste d'elle
    Ses lèvres ou son cœur!

« L'apparence de tout nous trompe et nous fascine.
    Est-il jour? Est-il nuit?
Rien d'absolu. Tout fruit contient une racine,
    Toute racine un fruit.

« Le même objet qui rend votre visage sombre
    Fait ma sérénité.
Toute chose ici-bas par une face est ombre
    Et par l'autre clarté.

« Le lourd nuage, effroi des matelots livides
    Sur le pont accroupis,
Pour le brun laboureur dont les champs sont arides
    Est un sac plein d'épis!

« Pour juger un destin il en faudrait connaître
    Le fond mystérieux;
Ce qui gît dans la fange aura bientôt peut-être
    Des ailes dans les cieux!

« Cette âme se transforme, elle est tout près d'éclore,
    Elle rampe, elle attend,
Aujourd'hui larve informe, et demain dès l'aurore
    Papillon éclatant!

III

« Tu souffres cependant, toi sur qui l'ironie
                    Épuise tous ses traits,
Et qui te sens poursuivre, et, par la calomnie,
                    Mordre aux endroits secrets !

« Tu fuis, pâle et saignant, et, pénétrant dans l'ombre
                    Par ton flanc déchiré,
La tristesse en ton âme ainsi qu'en un puits sombre
                    Goutte à goutte a filtré !

« Tu fuis, lion blessé, dans une solitude,
                    Rêvant sur ton destin,
Et le soir te retrouve en la même attitude
                    Où t'a vu le matin !

« La, pensif, cherchant l'ombre où ton âme repose,
                    L'ombre que nous aimons ;
Ne songeant quelquefois, de l'aube à la nuit close,
                    Qu'à la forme des monts ;

« Attentif aux ruisseaux, aux mousses étoilées,
                    Aux champs silencieux,

A la virginité des herbes non foulées,
        A la beauté des cieux;

« Ou parfois contemplant, de quelque grève austère,
        L'esquif en proie aux flots,
Qui fuit, rompant les fils qui liaient à la terre
        Les cœurs des matelots;

« Contemplant le front vert et la noire narine
        De l'antre ténébreux,
Et l'arbre qui, rongé par la bise marine,
        Tord ses bras douloureux,

« Et l'immense Océan où la voile s'incline,
        Où le soleil descend,
L'Océan qui respire ainsi qu'une poitrine,
        S'enflant et s'abaissant;

« Du haut de la falaise aux rumeurs infinies,
        Du fond des bois touffus,
Tu mêles ton esprit aux grandes harmonies
        Pleines de sens confus,

« Qui, tenant ici-bas toute chose embrassée,
        Vont de l'aigle au serpent,
Que toute voix grossit, et que sur la pensée
        La nature répand!

IV

« Console-toi, poëte! Un jour, bientôt peut-être,
        Les cœurs te reviendront,
Et pour tous les regards on verra reparaître
        Les flammes de ton front.

« Tous les côtés ternis de ta gloire outragée,
        Nettoyés un matin,
Seront comme une dalle avec soin épongée
        Après un grand festin.

« En vain tes ennemis auront armé le monde
        De leur rire moqueur,
Et sur les grands chemins répandu comme l'onde
        Les secrets de ton cœur.

« En vain ils jetteront leur rage humiliée
        Sur ton nom ravagé,
Comme un chien qui remâche une chair oubliée
        Sur l'os déjà rongé.

« Ils ne prévaudront pas, ces hommes qui t'entourent
        De leurs obscurs réseaux;

Ils passeront, ainsi que ces lueurs qui courent
    A travers les roseaux.

« Ils auront bien toujours pour toi toute la haine
    Des démons pour le dieu;
Mais un souffle éteindra leur bouche impure pleine
    De paroles de feu.

« Ils s'évanouiront, et la foule ravie
    Verra, d'un œil pieux,
Sortir de ce tas d'ombre amassé par l'envie
    Ton front majestueux!

« En attendant, regarde en pitié cette foule
    Qui méconnaît tes chants,
Et qui de toutes parts se répand et s'écoule
    Dans les mauvais penchants.

« Laisse en ce noir chaos qu'aucun rayon n'éclaire
    Ramper les ignorants,
L'orgueilleux dont la voix grossit dans la colère
    Comme l'eau des torrents;

« Les rhéteurs qui de bruit emplissent leur parole
    Quand nous les écoutons;
Et ces hommes sans foi, sans culte, sans boussole,
    Qui vivent à tâtons;

d   14

« Et les flatteurs courbés, aux douceurs familières,
        Aux fronts bas et rampants !
Et les ambitieux qui sont comme des lierres
        L'un sur l'autre grimpants !

« Non, tu ne portes pas, ami, la même chaîne
        Que ces hommes d'un jour.
Ils sont vils, et toi grand. Leur joug est fait de haine,
        Le tien est fait d'amour !

« Tu n'as rien de commun avec le monde infime
        Au souffle empoisonneur ;
Car c'est pour tous les yeux un spectacle sublime
        Quand la main du Seigneur,

« Loin du sentier banal où la foule se rue
        Sur quelque illusion,
Laboure le génie avec cette charrue
        Qu'on nomme passion ! »

Et quand il eut fini, toi que la haine abreuve,
Tu lui dis d'une voix attendrie un instant,
Voix pareille à la sienne et plus haute pourtant,
Comme la grande mer qui parlerait au fleuve :

« Ne me console point et ne t'afflige pas.
　　　Je suis calme et paisible.
Je ne regarde point le monde d'ici-bas,
　　　Mais le monde invisible.

« Les hommes sont meilleurs, ami, que tu ne crois,
　　　Mais le sort est sévère.
C'est lui qui teint de vin ou de lie, à son choix,
　　　Le pur cristal du verre.

« Moi, je rêve! écoutant le cyprès soupirer
　　　Autour des croix d'ébène,
Et murmurer le fleuve, et la cloche pleurer
　　　Dans un coin de la plaine ;

« Recueillant le cri sourd de l'oiseau qui s'enfuit,
　　　Du char traînant la gerbe,
Et la plainte qui sort des roseaux, et le bruit
　　　Que fait la touffe d'herbe ;

« Prêtant l'oreille aux flots qui ne peuvent dormir,
　　　A l'air dans la nuée,
J'erre sur les hauts lieux d'où l'on entend gémir
　　　Toute chose créée !

« Là, je vois, comme un vase allumé sur l'autel,
　　　Le toit lointain qui fume ;

14.

Et le soir, je compare aux purs flambeaux du ciel
　　　Tout flambeau qui s'allume.

« Là, j'abandonne aux vents mon esprit sérieux,
　　　Comme l'oiseau sa plume;
Là, je songe au malheur de l'homme, et j'entends mieux
　　　Le bruit de cette enclume.

« Là, je contemple, ému, tout ce qui s'offre aux yeux,
　　　Onde, terre, verdure ;
Et je vois l'homme au loin, mage mystérieux,
　　　Traverser la nature !

« Pourquoi me plaindre, ami ? tout homme à tout moment
　　　Souffre des maux sans nombre.
Moi, sur qui vient la nuit, j'ai gardé seulement
　　　Dans mon horizon sombre,

« Comme un rayon du soir au front d'un mont obscur,
　　　L'amour, divine flamme,
L'amour qui dore encor ce que j'ai de plus pur
　　　Et de plus haut dans l'âme !

« Sans doute en mon avril, ne sachant rien à fond,
　　　Jeune, crédule, austère,
J'ai fait des songes d'or comme tous ceux qui font
　　　Des songes sur la terre !

« J'ai vu la vie en fleurs sur mon front s'élever
    Pleine de douces choses.
Mais quoi! me crois-tu donc assez fou pour rêver
    L'éternité des roses?

« Les chimères, qu'enfant mes mains croyaient toucher,
    Maintenant sont absentes;
Et je dis au bonheur ce que dit le nocher
    Aux rives décroissantes.

« Qu'importe! je m'abrite en un calme profond,
    Plaignant surtout les femmes;
Et je vis, l'œil fixé sur le ciel, où s'en vont
    Les ailes et les âmes.

« Dieu nous donne à chacun notre part du destin,
    Au fort, au faible, au lâche,
Comme un maître soigneux levé dès le matin
    Divise à tous leur tâche.

« Soyons grands. Le grand cœur à Dieu même est pareil.
    Laissons, doux ou funestes,
Se croiser sur nos pieds la foudre et le soleil,
    Ces deux clartés célestes.

« Laissons gronder en bas cet orage irrité
    Qui toujours nous assiége;

Et gardons au-dessus notre tranquillité,
        Comme le mont sa neige.

« Va, nul mortel ne brise avec la passion,
        Vainement obstinée,
Cette âpre loi que l'un nomme Expiation
        Et l'autre Destinée.

« Hélas ! de quelque nom que, broyé sous l'essieu,
        L'orgueil humain la nomme,
Roue immense et fatale, elle tourne sur Dieu,
        Elle roule sur l'homme ! »

Octobre 1835.

XXXI

La tombe dit à la rose ;
« Des pleurs dont l'aube t'arrose
Que fais-tu, fleur des amours? »
La rose dit à la tombe :
« Que fais-tu de ce qui tombe
Dans ton gouffre ouvert toujours ! »

La rose dit : « Tombeau sombre,
De ces pleurs je fais dans l'ombre
Un parfum d'ambre et de miel. »
La tombe dit : « Fleur plaintive,
De chaque âme qui m'arrive
Je fais un ange du ciel ! »

Juin 1835.

XXXII

O muse, contiens-toi! muse aux hymnes d'airain,
Muse de la loi juste et du droit souverain,
Toi dont la bouche abonde en mots trempés de flamme,
Étincelles de feu qui sortent de ton âme,
Oh! ne dis rien encore et laisse-les aller!
Attends que l'heure vienne où tu puisses parler.
Endure le spectacle en vierge résignée.
Qu'à peine un mouvement de ta lèvre indignée
Révèle ton courroux au fond du cœur grondant.
Dans ce siècle où chacun, noyant ou fécondant,
Se répand au hasard comme l'eau d'un orage,
Où l'on ne voit partout qu'impuissance et que rage,
Qu'inutiles fardeaux qu'on s'obstine à rouler,
Que samsons écrasés sous ce qu'ils font crouler,
Le plus fort est celui qui tient sa force en bride.
L'Océan quelquefois montre à peine une ride.
Jusqu'au jour d'éclater, plus proche qu'on ne croit,
Ne te dépense pas. Qui se contient s'accroît.

Aie au milieu de tous l'attitude élevée
D'une lente déesse à punir réservée,
Qui, recueillant sa force ainsi qu'un saint trésor,
Pourrait depuis longtemps et ne veut pas encor!

Va cependant! contemple et le ciel et le monde.
Et que tous ceux qui font quelque travail immonde,
Que ces trafiquants vils épris d'un sac d'argent,
Que ces menteurs publics, au langage changeant,
Pleins de méchanceté dans leur âme hypocrite
Et dorés au dehors de quelque faux mérite,
Tous ceux, grands ou petits, que marque un sceau fatal,
Que l'envieux bâtard accroupi dans le mal,
Que ce tribun valet, plus lâche qu'une femme,
Qui dans les carrefours vend sa parole infâme,
Toujours prêt pour de l'or à souffleter la loi,
Forgeant l'émeute au peuple ou la censure au roi,
Que l'ami faux par qui la haine s'ensemence,
Et ceux qui nuit et jour occupent leur démence
D'une orgie effrontée au tumulte hideux,
Te regardent passer tranquille au milieu d'eux,
Saluant gravement les fronts que tu révères,
Muette, et l'œil pourtant plein de choses sévères!

Fouille ces cœurs profonds de ton regard ardent.
Et que, lorsque le peuple ira se demandant :
« Sur qui donc va tomber, dans la foule éperdue,

d   15

Cette foudre en éclairs dans ses yeux suspendue ? »
Chacun d'eux, contemplant son œuvre avec effroi,
Se dise en frissonnant : « C'est peut-être sur moi ! »

En attendant, demeure impassible et sereine.
Qu'aucun pan de ta robe en leur fange ne traîne ;
Et que tous ces pervers tremblent dès à présent
De voir auprès de toi, formidable et posant
Son ongle de lion sur ta lyre étoilée,
Ta colère superbe à tes pieds muselée !

Septembre 1836.

FIN DES VOIX INTÉRIEURES.

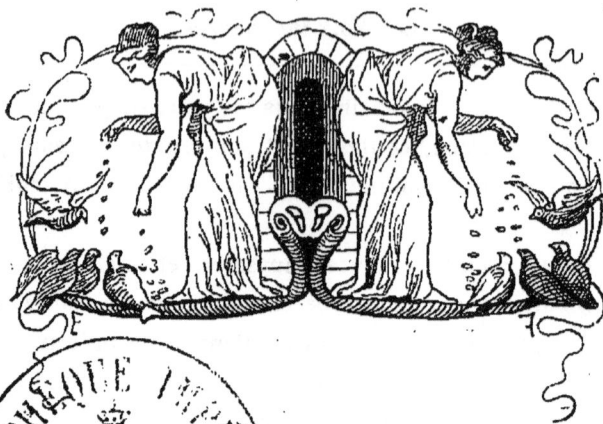

TABLE

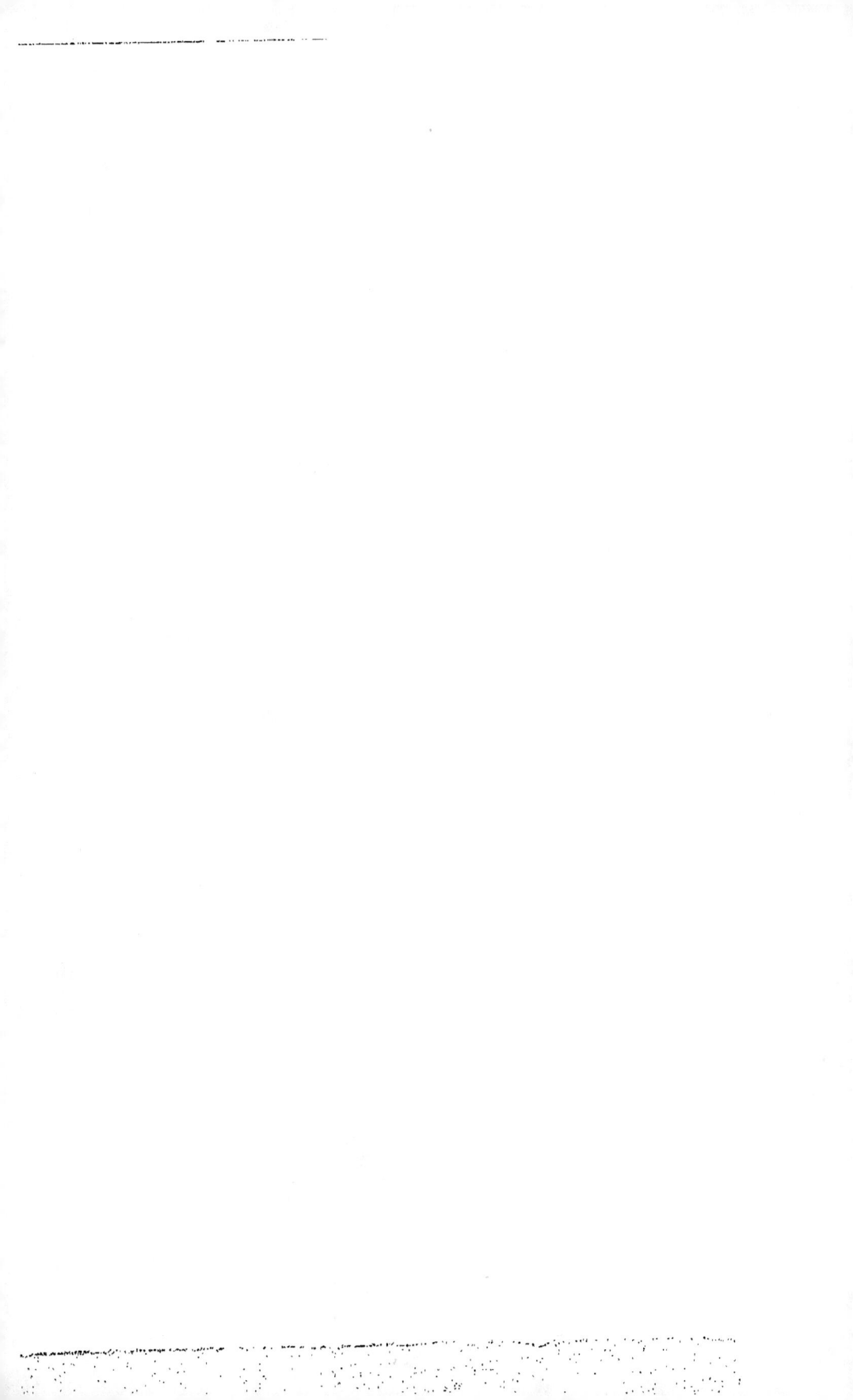

ŒUVRE POÉTIQUE

DE

VICTOR HUGO

9 vol. in-18 raisin

Édition elzevirienne imprimée par Jouaust

Ornements dessinés par E. Froment.

Gravures par Matthis.

———

Prix total des 9 volumes : 5o fr. "

Chaque volume se vend séparément.

Il a été tiré en outre 5o exemplaires sur papier de Chine.
Ces exemplaires ne seront vendus qu'aux personnes
qui souscriront pour les 9 volumes,
au prix de 100 fr.

ŒUVRE POÉTIQUE

DE

VICTOR HUGO

9 volumes in-18 raisin

ÉDITION ELZEVIRIENNE imprimée par Jouaust, sur papier
vergé de Hollande
fabriqué exprès par MM. Van Gelder, d'Amsterdam.

Ornements du texte dessinés par E. Froment.
Gravures par Matthis.

Prix total des 9 volumes :   5o f. »

Chaque volume se vend séparément.

Il a été tiré en outre 5o exemplaires sur papier de Chine.
Ces exemplaires ne seront vendus qu'aux personnes
qui souscriront pour les 9 volumes,
au prix de 1oo fr.

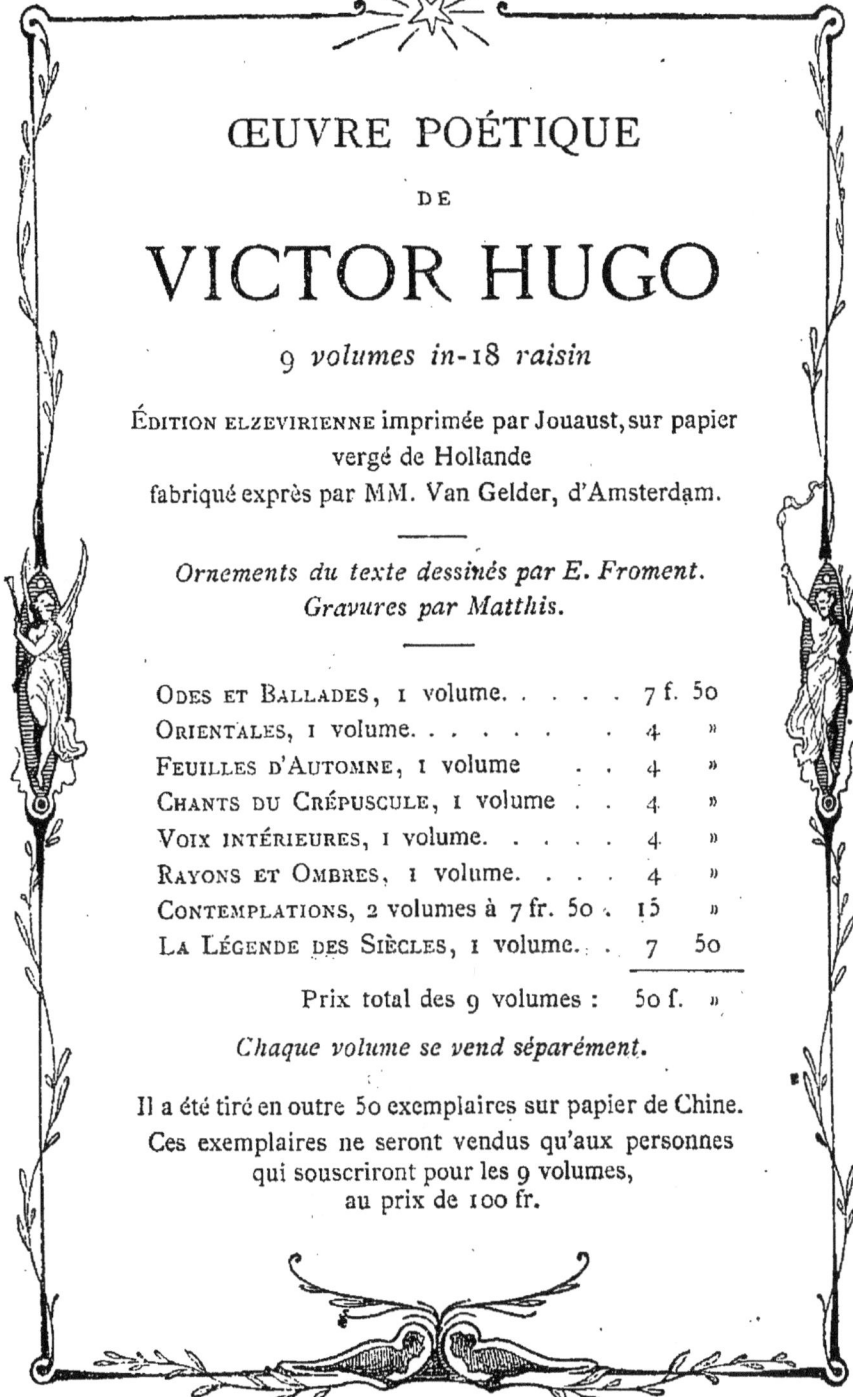

www.ingramcontent.com/pod-product-compliance
Lightning Source LLC
Chambersburg PA
CBHW072021080426
42733CB00010B/1775